THE MARKETING STRATEGIES OF ASIAN EMERGING COUNTRIES.

アジア新興国マーケティング

成川哲次 NARIKAWA TETSUJI

幻冬舎 MC

アジア新興国マーケティング

はじめに

海外進出を図る日本企業にとって、アジア新興国は魅力的なエリアの一つです。アジア新興国各地には、すでに3万社もの日本企業が製造業を中心に進出を果たしており、大規模な産業集積、サプライチェーンを形成しています。また、特にASEANにおける中間層、富裕層の増加によって、生産拠点としてだけでなく、消費市場としての魅力も増してきています。しかしそれだけに、海外の競合による追い上げも著しく、競争が激しさを増しているのも事実であり、事業の飛躍を図ってアジア新興国に乗り出すうえでは、綿密なマーケティングのもとに戦略を立てて挑む必要があります。

私はアジア新興国への進出を目指す企業の支援をするマーケティング会社の代表を務めています。以前勤めていたマーケティング会社での経験も含め、これまで15年以上にわたりアジア新興国の500件を超える市場調査に携わってきました。

長年にわたり現地の市場を専門的に分析してきた私の経験からいえるのは、アジア新興国と日本とでは商習慣やマーケットの動きが異なるため、現地のリアルな情報に着目したマーケティングを行う必要があるということです。

例えばアジア新興国の所得水準は年々上がりつつあるものの日本に比べるとまだまだ低く、特にベトナムの家電市場ではシェアを拡大するうえで機能面の充実より低価格を重視したほうが市場のニーズにマッチする場合があります。一方タイでは、新機能について信頼できるものか懐疑的である消費者が多く、機能についての明確な説明がなければ消費者は離れてしまいます。

また日本におけるＥＣ市場では楽天やAmazonが定番であるのに対し、アジア新興国におけるＥＣ市場は非常に動きが活発で、２０１８年から２０２１年の3年間で売上上位3位が激しく入れ替わっています。特にＥＣ市場が活発なシンガポールやベトナム、タイではAmazonではなくLazadaやShopeeという日本では無名のＥＣモールが売上トップを争っているということも、押さえておくべきポイントの一つです。

発展著しい地域であるだけに、その変化のスピード感、規模感は日本国内のものとは大きく異なっています。これらはほんの一例にすぎませんが、このような地域ごとのその時々のリアルな情報をつかみ、それに対応したマーケティングを行えるか否かがアジア新興国市場での日本企業の行方を左右するのです。

本書では、これまで私が実践してきたアジア新興国マーケティングの成功例を挙げながらそれぞれの国の最新事情と調査、分析のノウハウを中心に解説します。本書で取り上げる企業の手法は決して絶対解となるわけではありません。ただ、アジア新興国でのビジネス展開で成果を上げようと志す皆さんに、リアルな現地情報の重要性とそれを活かしどう成功に導けばよいのかを知っていただければ筆者として望外の喜びです。

目次

第2章

なぜ日本企業は後れを取るのか？ 欧米・中国・韓国—— 諸外国企業にあって 日本企業にはない〝強み〟

第3章

市場規模の把握、競合他社の調査、製品開発・販路確保……アジア新興国で事業展開するために日本企業がすべきこと

第4章

アジア新興国進出に成功している企業に学ぶマーケティング戦略

第5章

調査会社の活用で緻密な市場調査を実現スピード感のあるマーケティングでアジア進出を成功させよ

第 1 章

アジア新興国へ進出するも撤退を余儀なくされる日本企業の現状

コロナ禍を経ても力強く、熱い地域・アジア

ＯＥＣＤが２０２３年６月７日に発表した「世界経済見通し」では、２０２３年の世界の経済成長率（実質ＧＤＰ成長率）は２・７％、２０２４年は２・９％と予測しています。２０２０年に始まった新型コロナウイルス感染症の感染拡大から３年が過ぎてようやく世界は落ちつきを取り戻してきたものの、ロシアによるウクライナ侵攻や、その影響を受けた国際的な資源高とインフレ、そして金利上昇により、世界経済は依然として先行き不透明な状況にあります。

そんな状況にもかかわらず、特に力強い存在感を示しているのがアジアの新興国を中心とした経済圏です。ＩＭＦによれば、２０２３年のアジアの新興市場国と発展途上国の経済予測（実質ＧＤＰ成長率）は５・３％、続く２０２４年も５・１％で、先進国よりも高い成長率となっているのです。

私は大学を卒業後、マーケティングリサーチや市場予測を行う調査会社に入社しました。家電全般やエネルギー、住宅、消費財分野を中心に５００件以上の調査を担当し、中国や

経済予測：アジア太平洋

（実質GDP成長率、％）

	2022	予測 2023	予測 2024
アジア	**3.8**	**4.6**	**4.4**
先進国・地域	**1.8**	**1.6**	**1.7**
オーストラリア	3.7	1.6	1.7
ニュージーランド	2.4	1.1	0.8
日本	1.1	1.3	1.0
香港特別行政区	-3.5	3.5	3.1
韓国	2.6	1.5	2.4
シンガポール	3.6	1.5	2.1
新興市場国・発展途上国*	**4.4**	**5.3**	**5.1**
バングラデシュ	7.1	5.5	6.5
ブルネイ・ダルサラーム	-1.5	3.3	3.5
カンボジア	5.0	5.8	6.2
中国	3.0	5.2	4.5
インド**	6.8	5.9	6.3
インドネシア	5.3	5.0	5.1
ラオス	2.3	4.0	4.0
マレーシア	8.7	4.5	4.5
ミャンマー	2.0	2.6	2.6
モンゴル	4.8	4.5	5.5
ネパール	5.8	4.4	5.1
フィリピン	7.6	6.0	5.8
スリランカ	-8.7	-3.0	1.5
タイ	2.6	3.4	3.6
ベトナム	8.0	5.8	6.9
太平洋諸島諸国***	**1.0**	**3.9**	**3.6**

出所：IMF世界経済見通し（WEO）データベース、IMF職員の算出。
注：*太平洋諸島諸国とその他の小国を除く新興市場国と発展途上国。**インドのデータは財政年度ごとに報告されている。インドの財政年度は4月1日に始まり3月31日に終わる。***太平洋諸島諸国の集計は単純平均を、他のすべての集計は加重平均を使用して計算されている。

東南アジア諸国を中心に10カ国以上の現地調査を行ってきました。なかでもＡＳＥＡＮとひとくくりにされることも多い東南アジア新興国は、それぞれ国民性や歴史的経緯からの特殊事情などが入り交じり、一筋縄ではいかないリサーチの難しさと醍醐味を味わわせてくれました。

ＡＳＥＡＮで売るためにはどうすればいいか、それを自らの能力と責任で証明したいと考えた私は２０１９年、調査会社を設立しました。マーケティング次第で後発の日本企業でも十分トップクラス入りを狙えるＡＳＥＡＮ諸国でのマーケティング調査を主務として、家電製品を中心に自動車から食品、化粧品までの各種マーケットでの情報収集と分析を行っています。

ＡＳＥＡＮでは、１９７０年以降人口増加に伴い、着実に経済発展を遂げてきました。現在では総人口6億７３３３万人の過半数を若年層が占めています。経済の基盤となる労働力人口の確保と生産性の向上により、所得水準は上昇傾向にあり中間層・富裕層が増加しています。その結果ＡＳＥＡＮは、中国に続く新たな市場として、日本を含む諸外国の企業から注目を集めることとなり、アメリカやヨーロッパ、中国、韓国などの企業がビジネスチャンスを求めて市場シェアの奪い合いを繰り広げ、活況を呈しているのです。

日本も１９８０年代後半からＡＳＥＡＮへ積極的な直接投資を始め、アジア一帯の巨大なサプライチェーン網を構築しました。２０００年代からは一時的に中国への直接投資が増加したものの、中国国内の賃金上昇などを受け、ＡＳＥＡＮに生産拠点を戻す日本企業も増えつつあります。

存在感の薄まる日本企業

ＡＳＥＡＮと日本の関係性は、この数十年で大きく変化しています。かつては市場シェアにおいて一、二を争うポジションに君臨していましたが昨今では多くの日本企業が苦戦を強いられているのです。

まずＡＳＥＡＮ地域に対する投資額が日本は横ばいで推移するなか、ＥＵや中国の投資額は上昇しています。また、日本企業の現地販売額も総じて横ばいまたは低下傾向にあるのです。

ＡＳＥＡＮ事務局の調べによると対ＡＳＥＡＮ貿易額は２００３年から２００８年までの間、日本とアメリカが首位を争っていましたが、２００９年、日本は中国に抜かれ、２０２１年には3倍近い差をつけられました。また、２００３年には3倍以上の開きがあった韓国との差も、２０２１年にはわずか1・3倍までに縮まりました。

これらのことから日本企業が東南アジア新興国における新たな需要分を獲得できず他国の企業に取って代わられていることは明白です。

海外進出の歴史的経緯と現在

日本は戦後の復興とともに貿易によって国力を大いに高める貿易立国を目指してきました。日本が選んだのは商材を単に移動させる形の貿易ではなく、原材料を輸入して国内で生産加工し、付加価値をもたせて海外マーケットで販売するという加工貿易です。その後、生産・加工の現場自体も国内から海外へと移し現地生産を急速に一般化させました。

日本企業の海外進出形態の変化

	製造場所	販売場所
第1フェーズ	日本	日本
第2フェーズ	日本	海外
第3フェーズ	海外	日本
第4フェーズ	海外	海外

この流れには１９８０年代後半から１９９０年代初めにかけてと、１９９０年代中盤から後半にかけての２度のピークがありました。もちろん以前から海外へ進出する動きはあったものの、中小企業を含めた多くの日本企業による海外進出が本格的に始まったのは１９９０年代以降です。

日本企業の海外進出は、大きく４つの段階に分けることができます。

【第１フェーズ】国内で完結。日本で製造し、日本で販売するという形態。

【第２フェーズ】日本で製造し、海外に輸出する形態。円が安かった敗戦直後、日本企業は主に欧米諸国を対象に日本製品を輸出した。円安により低コストで製造可能で、しかも高品質で評価を高め、日本企業は大きな成功を収めた。

【第3フェーズ】海外で製造し日本に輸入する形態。1990年代以降に活発に展開した進出モデルで、製造拠点を海外に求めるという目的で行われた。製造拠点は主に中国、タイ、インドネシアなどであり、ASEAN市場への進出もなされ、多くの日本企業はアジアを中心に成功を収めた。

【第4フェーズ】海外で製造して、海外で販売する形態。製造拠点と同時に市場を求めて進出する形。

貿易立国日本の発展はこの4段階をたどりながら拡大してきました。日本企業の苦戦は現在までの最終段階である第4フェーズのビジネスモデルで顕著になっています。なかでもまだまだマーケットの発展が期待されるASEANでの苦戦は、日本企業とそのビジネスモデル全体に関わる重要な問題としてさまざまな方向から分析されているものの、明確な打開策は打ち出せていないのが現状です。

スタート時点は製造業を中心に海外進出していたのが、今は製造業だけでなく、従来進出が困難と考えられていた流通業、金融業、運輸業、外食産業など全産業にわたっています。さらに進出する企業の規模に至ってもかつてはほとんどが大企業だったものが、現在では中小企業にまで広がりを見せています。

ＡＳＥＡＮ市場はもともと日本製品の人気が高く、自動車やバイクなど製品によっては現在も各国で圧倒的なシェアを誇っています。１９７０年代から１９８０年代の東南アジア地域ではあらゆる分野が日本企業の独擅場であり、日本企業間による競争が中心となっていました。しかし１９９０年代に入ると急速に国際競争力を強めてきた大手韓国企業が本格的に参入し始め、わずかにタイミングが遅れはしましたが同時期には中国企業も進出の勢いを強めてきました。こうしてかつて日本企業が大きな存在感を誇示していたＡＳＥＡＮ市場で、諸外国企業との厳しい競争を強いられるようになったのです。

4強と現地ローカルによる、熾烈な販売競争

2023年現在、広大なASEANマーケットを舞台に販売競争を繰り広げるプレイヤーは「日本」をはじめとして、主なところで「中国」「韓国」「欧米」「ローカル（地場）」と5系統に及びます。

1967年8月8日、「東南アジア諸国連合（ASEAN）設立宣言」（通称バンコク宣言）によって一体として考えられるようになったこの地域に、最初に注目し市場として開拓を進めたのは欧米企業でした。東南アジア諸国の多くが植民地などとして欧米諸国の支配下、影響下におかれてきたことも大きな理由でした。

その後に続いたのが日本企業で1970年代にはASEAN市場へ進出し、1985年のプラザ合意による影響で大きく進んだ円高を背景に日本の対ASEAN直接投資が拡大します。

続いてASEAN地域への直接投資を急増させたのが中国であり、中国企業の進出も時

期を同じくして始まります。さらには財閥グループを中心にグローバル展開を加速させて大成功を収めてきた韓国も、2000年代に入り存在感を大きくしてきたのです。

民族、文化、宗教、政治体制などのさまざまな要素が複雑に絡み合うASEANは、域内各国の経済レベルも大きく異なります。台頭してきた中国や韓国企業は、現地に即した細やかでスピード感のあるマーケティングを展開し販売シェアをどんどん伸ばしています。

ジャパンブランドの代名詞、家電メーカーの苦戦

私はある家電メーカーに頼まれてASEAN各国で現地調査とインターネットを使った家電シェア率調査をしたことがあります。かつて日本が世界に名を馳せていた代表的な商材であるテレビ（液晶テレビ・有機ELテレビ）のシェア状況です。一般家電製品は品目が多く、技術開発競争による差別化が難しくなってきています。家電製品全体では技術力

による高い付加価値を発揮するのが難しくなり、日本製と他との差がなくなってきているのは確かです。

ただし、テレビではブラウン管から液晶や有機ELなどへという一大転換に続いて、さらに薄型化、大型化が進んでおり、液晶の美しさなどと同様にメーカーの技術競争は続いています。しかし急速に進んだ薄型化・大型化競争の過程で、韓国のメーカーが一気に世界のトップブランドへと駆け上がり、世界全体ではそのまま圧倒的なトップシェアを誇っており、ASEANでも同じく圧倒的シェアを占めているのです。

ベトナム

リアリティショー好きのベトナム人
テレビ需要の高い国の販売シェア1位はサムスン

ベトナム市場調査を手掛けるQ&Meによれば、ホーチミン市に在住の16～39歳のベトナム人男女に聞いたところ、映像コンテンツではリアリティショーの人気が高く、次いでコメディー、歌番組と続きます。52％がテレビでコンテンツを視聴しており、まだまだ若

2022年　ベトナム　テレビシェア

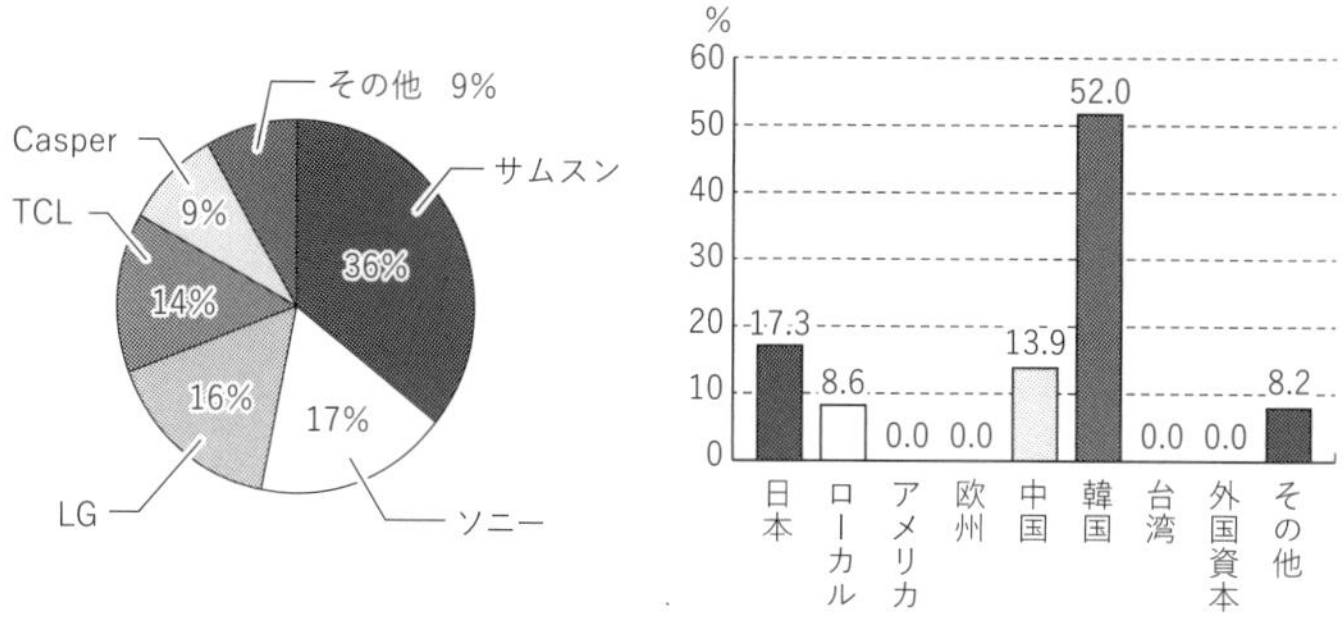

※構成比は小数点以下四捨五入しているため、必ずしも合計が100とはならない

い世代にもテレビ需要が高いことが特徴です。実際、私も現地調査を行った時には軒先でテレビを皆で視聴する現地の人たちを多く見かけました。日本では、スマホの普及により若い世代を中心にテレビ離れが加速していますが、ベトナムではテレビ番組はまだまだ市民の娯楽の主流になっているという実情です。

　ベトナムでサムスンのシェアは全体の35・8％、同じく3位もＬＧで16・2％と韓国の二大大手が上位に入っています。2位は日本のソニーで17・3％を占めています。国籍別の割合は、韓国が52・0％、次いで日本が17・3％、中国が13・9％、ローカルが8・6％といった順番になっています。日本ではまだなじみのないＴＣＬといった、中国企業がランクインしており、13・9％のシェアとなっているのも特徴です。ソニーは日本企業で唯一のランクインで、シェアのほとんどを他国企業に奪われている状況です。

タイ

タイで人気のボーイズラブドラマは視聴者数2000万人
テレビシェア1位はサムスン

2020年に公開されたタイで大ブレイクしたドラマ「Y（ワイ）」シリーズは、日本語の「やおい」を語源とする男性同士の恋愛を描いた番組でした。やおいとは、男性の同性愛を題材とした日本の漫画や小説の俗称で、いわゆるボーイズラブがテーマです。当時、タイだけで2000万人を超える視聴者がいるとされ、タイだけでなくアジア広域で、特に女性に爆発的な人気を誇りました。いまやASEAN各国からのコンテンツの発信力も強くなっているのです。

タイにおいて、日本企業はベトナムよりも多くのシェアを獲得しています。ただし、ここでもテレビシェア1位はサムスン（38％）、3位はLG（18％）と韓国で、2位にパナソニック、4位にソニーが食い込み、それぞれ18％と13％のシェアを獲得しています。合

2017年　タイ　テレビシェア

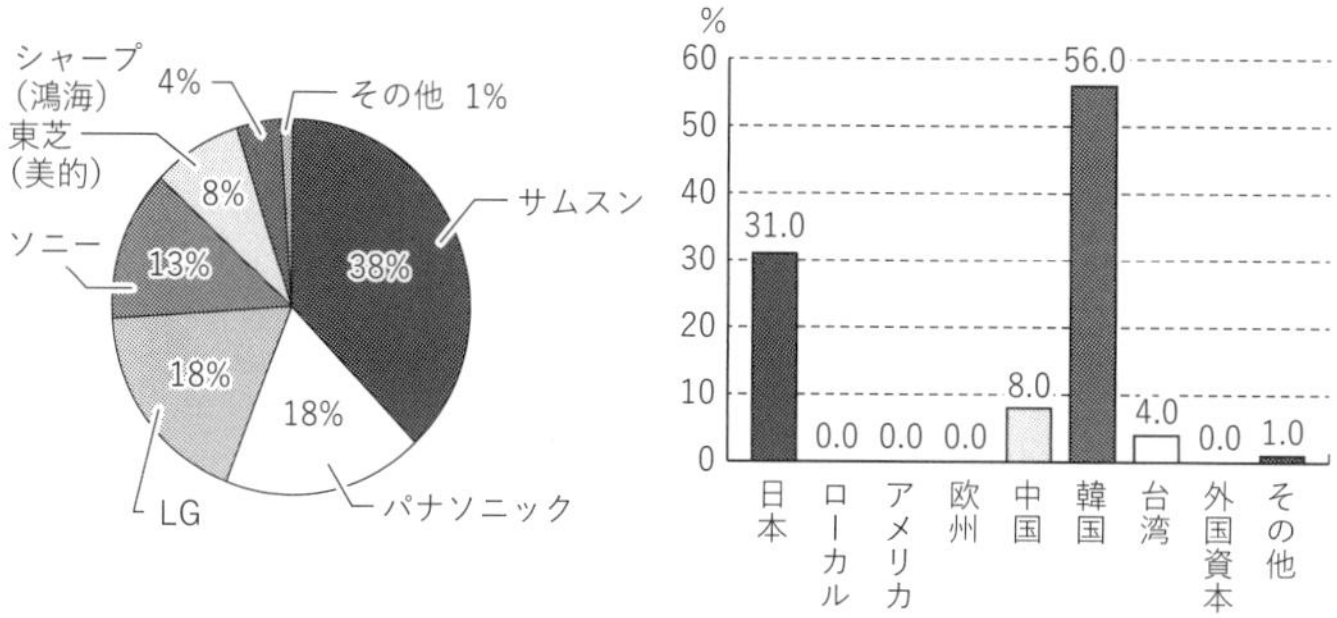

計したシェアで見れば、韓国が56％と全体の6割近くを占めているのに比べて、日本の合計は31％と3分の1を獲得するのがやっとのようにも見え、残る1割弱の市場では4％のシェアの台湾が目立つ程度で、日韓以外の存在感はほとんどありません。

インドネシア

プライムタイムの視聴率は20%超え
まだまだテレビの需要が高いインドネシアで
日本企業の影は薄い

インドネシア総合研究所によると、東南アジア新興国域内最大人口（2億8000万人弱）のインドネシアで、テレビ普及率は85％といわれています。中間層が増えてきていて、ほとんど一家に一台はある状況です。テレビの需要は高く、プライムタイム（日本では19〜23時）での民間放送の視聴率は20％超といわれています。

インドネシアでのテレビ販売シェアは、1位と3位を韓国が占める強さはベトナムやタイと変わりません。合計のシェアでは64・6％とむしろその強さを際立たせています。2位で32・4％のシェアを獲得しているのはシャープです。4位はローカルメーカーのPolytronで27・1％と高いシェアです。日本企業は5位（12・2％）と7位（4・8％）に入るだけで、国籍別ランキングでも韓国が6割台の半ば、ローカルが27・1％、中国が19・2％となっています。シャープは台湾資本が入っていますので、シャープを除く17・0％の日本企業はインドネシアでは5位に入るのがやっとという状況なのです。

2023年　インドネシア　テレビシェア

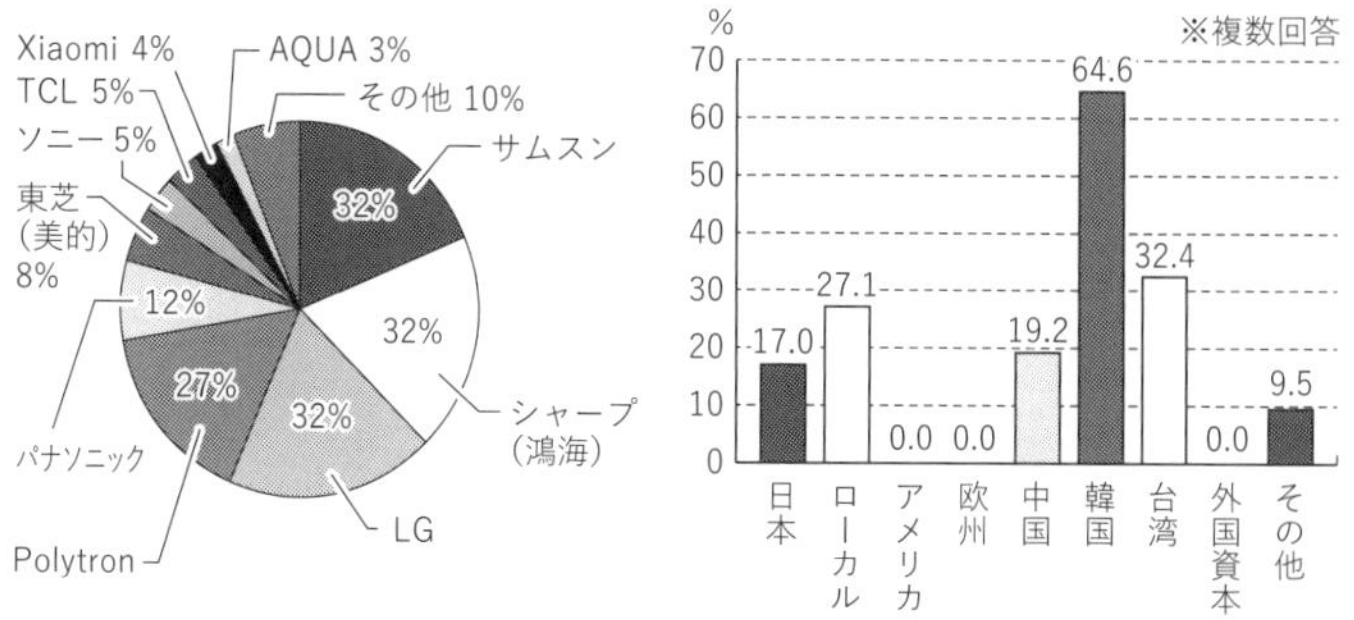

増え続けるアジア進出企業、増えない売上

このように見ていくと日本企業はアジア市場をそれほど重視していないのではないかとさえ思えてくるのですが、もちろんそうではありません。

２０２２年に経済産業省が公表した「第51回　海外事業活動基本調査」によれば、２０２０年度時点でＡＳＥＡＮ各国へ進出している日本企業は７５８３社となり、状況としては一貫して増える傾向にあります。これは世界全体への進出数の29・5％に当たるというだけでなく、アジア新興国への進出が10年連続でプラスという数値で推移していることからも明らかで、日本企業による

ＡＳＥＡＮ地域でのビジネス展開に関する意識の高さを示していると私は考えます。

しかし、テレビのシェアだけを見ても現実は決して明るい話ばかりではないのです。同じ年の日本企業現地法人による売上高は、新型コロナウイルスの影響もあって全世界で前年度比８・４％減と低調でした。ＡＳＥＡＮ地域での売上高に限れば、世界全体と比べて６％近くも低い数字となり、前年度比14・１％減の46兆２０００億円にとどまっています。この年は東南アジア地域全体の経済成長率もマイナス４・４％で失速気味でしたが、それと比べても10ポイント近くマイナス幅が大きいこの減少ぶりに、東南アジア新興国マーケットで日本企業がおかれている厳しい現状がはっきりと表れています。

家電の「三種の神器」は、すべて中国・韓国にシェアを奪われた

テレビ以外の家電でも日本企業は苦戦を強いられています。私は以前仕事でテレビ以外

にも調査をしたことがあります。冷蔵庫、洗濯機といった生活に欠かせない製品はいまや日本企業ではなく、韓国や中国の企業が市場を席巻してきているのです。

冷蔵庫は世界全体で見ると、購入しやすい価格帯の製品をそろえた中国や韓国メーカーが高いシェアを誇り、日本メーカーはランキング外となっています。実際、現地に行って消費者のニーズを拾ってみると、日本企業の細やかな機能がある製品より、シンプルな機能しかなくても安い品が売れている印象です。

ベトナム

元日本企業が中国メーカーとしてシェア拡大
一般家庭に一気に普及した冷蔵庫

ベトナムでの冷蔵庫の普及率は２０２０年で85・4%となっています。冷蔵庫市場の１位はシェア20%を獲得する中国メーカーで、さらに3位、5位も占めています。三洋電機はHaier、東芝は美的グループと、いずれも中国資本に買収され、シャープも台湾企業の子会社となっているため、一見すると日本企業がずらりと並んでいるように見えるのです

2016年　ベトナム　冷蔵庫シェア

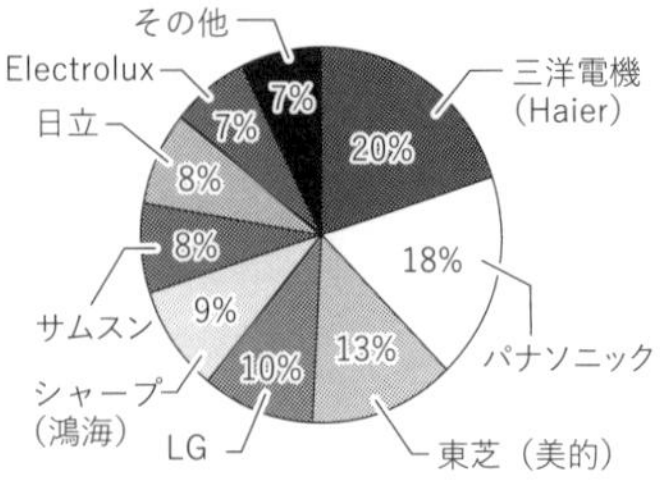

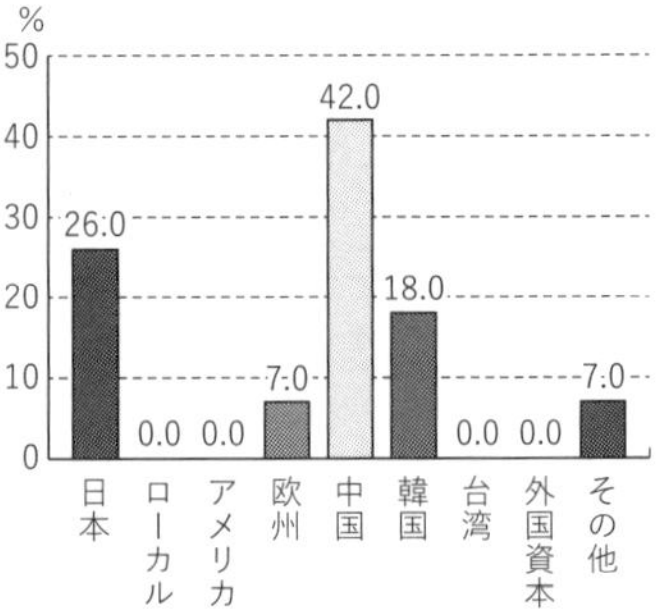

※2010年段階でも普及率40%程度

が、実質は中国企業が並んでいるのです。日本企業は2位にはパナソニック、7位に日立が入っていて合計のシェアは26・0%で、サムスンとLGの合計シェア18・0%を上回っています。一方で欧州はわずか7・0%のシェアにとどまっています。

ベトナム
東南アジアでトップクラスのビール消費大国
ビバレッジ市場は欧米が席巻

★

冷蔵庫普及率の高いベトナムはビールの消費量も高いことでも知られています。私も現地に行ったときにはよくその国のビールを飲みます。ただ、ベトナムではサイゴンビール飲料のSabecoやハノイビール・アルコール飲料のHabecoが地元の飲料メーカーとしてよく知られている一方で、市場シェアでは外資のHeineken（ハイネケン）が圧倒的なシェアを誇っています。日本のアサヒビールやサッポロビールを見かけることもありますが、取り扱っている店はあまり多くないといった印象です。日本のビバレッジメーカーが本気で進出していけば、競合がそれほど多くないので、まだまだシェアを獲得する余地はあるのではないかと私は思います。

家電製品ではジャパンブランドが一定程度アジアで認知されている一方で、ビバレッジメーカーなどはまだ認知度が高くありません。ベトナムでは伝統的に「ビア・ホイ」と呼ばれるビアホールで生ビールを飲むのが一般的です。日本の居酒屋とは異なり、クラフト

2021年　ベトナム　酒・アルコール飲料シェア

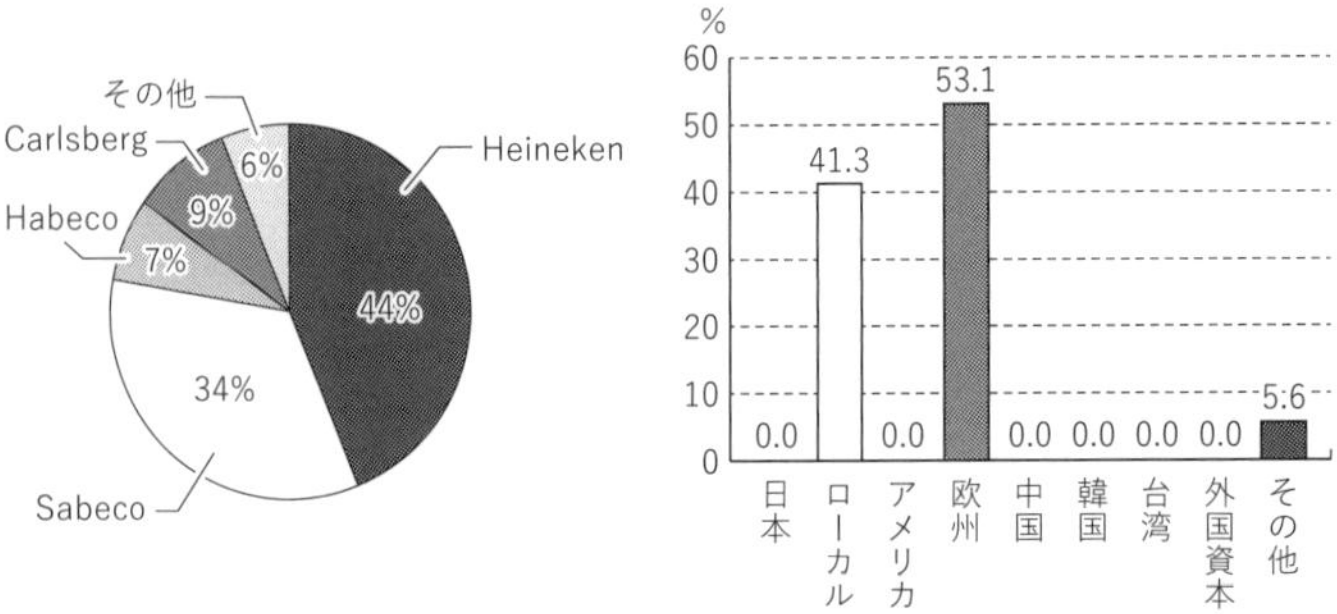

※サッポロビールは2019年ビールのシェアで1.4%
※Heinekenは現地との合弁会社

ビールなども豊富に置いてあり、多くの銘柄のビールを飲むことができるので、しっかりとしたマーケティング戦略を組んだうえで現地に展開をしていく必要があります。現状の日本企業はどこから始めたらいいのか分からないといった状態で攻めあぐねているようです。

タイ

ＡＳＥＡＮ最大の冷蔵庫生産国のタイ
日本企業のお膝元でも1位の座は他国に奪われる

タイと日本の家電業界は生産拠点として古くから密接な関わりがありました。今でもタイで作られた冷蔵庫やエアコンなどがＡＳＥＡＮ各国に多数輸出されています。タイは年産２５０万台とＡＳＥＡＮ最大の冷蔵庫生産国であり、ＡＳＥＡＮ主要5カ国で製造される冷蔵庫の半分近くがタイ製なのです。日本メーカーの多くはタイに生産拠点を置いています。近年では、日本の家電メーカー各社にとって、タイ国内で拡大する消費需要を取り込むために、生産拠点としてではなく重要な販売拠点としても位置付けています。

タイの冷蔵庫市場の1位は韓国企業のサムスンに奪われてしまっています。2、3、5位にはなんとか日本企業がランクインし、国別のシェア数では全体の42・0%と最も割合を占め、韓国企業の26・0%、中国企業が24・0%と、激しいシェア争いを繰り広げています。

2016年　タイ　冷蔵庫シェア

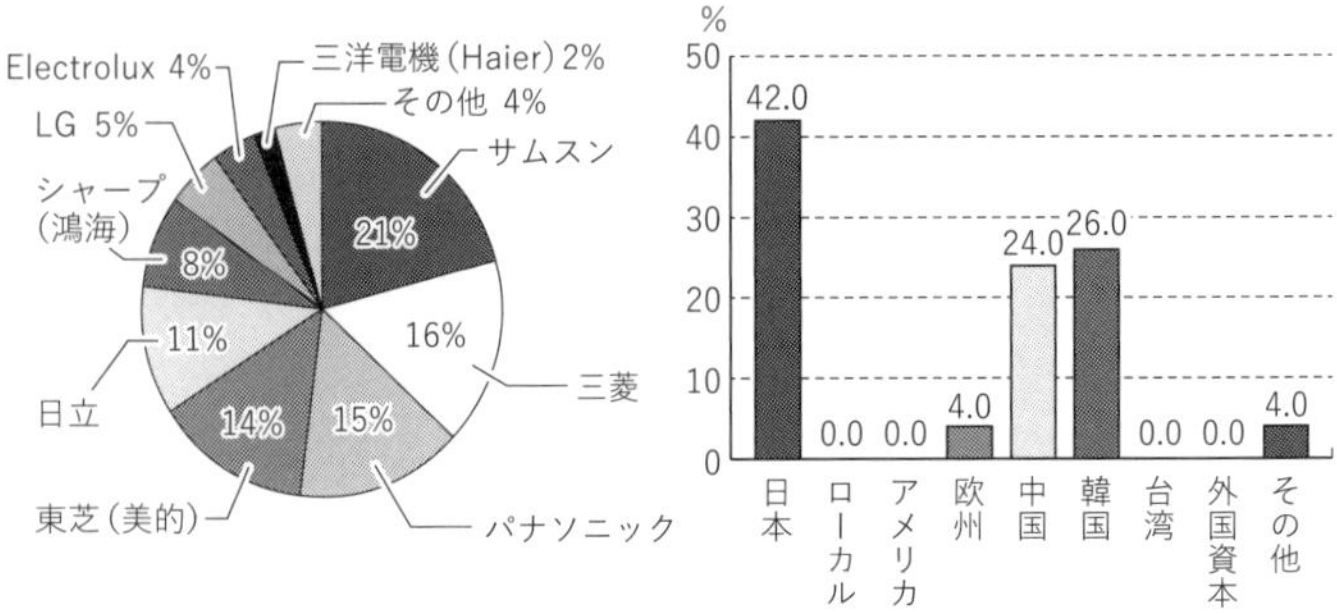

※タイは日本の製造業界との歴史が長く家電は日本のブランド力がある
※東芝は2022年データでは1位

インドネシア

コロナ禍で冷凍食品の需要が急伸 冷凍冷蔵庫への注目度も高まる

インドネシアではコロナ禍で外食文化が制限され、食料デリバリーに加え、長期保存可能な冷凍食品需要が伸びたといわれています。そうした背景もあって冷凍冷蔵庫の需要も伸び続けています。

国全体のシェアで最も高い割合を占めたのは中国で42・0％でした。次いで韓国が32・0％、日本が14・0％で、インドネシアのローカル企業が10・0％のシェアを獲得し5位に食い込んでいます。ほかにもランクインしていないローカル企業では、Miyako（ミヤコ、和名のようですが現地企業）、Cosmos（コスモス）、Maspion（マスピオン）といったさまざまな国内家電メーカーがあります。

インドネシアでは現地ローカルの家電量販店が多数あるのも特徴の一つです。現地のローカル量販店では、Electronic City（エレクトロニックシティ）や、Trikomsel（トリコムセル）、UFO Elektronika（UFOエレクトロニカ）などが強い販売力をもっています。

2017年　インドネシア　冷蔵庫シェア

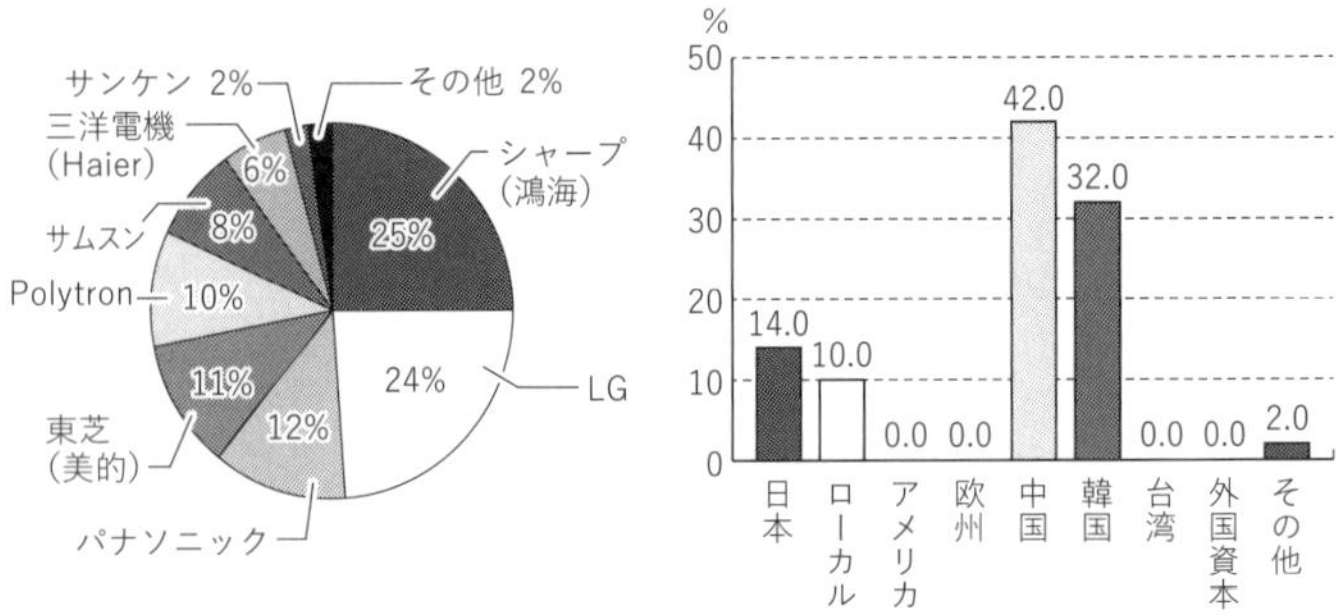

宗教上の理由によっても アジア進出は阻まれる

新型コロナウイルスの感染拡大によって起きた巣ごもり需要では、アジア市場における冷凍食品以外に即席麺マーケットにも好影響を与えました。しかし、２０２１年後半からは原材料である小麦やパーム油などの価格高騰が著しくなり、ビジネス的には収益性の低下が懸念されています。

世界で最初にインスタントラーメンが生まれたのは１９５８年の日本で、日清食品の創業者・安藤百福氏が発明した「チキンラーメン」が始まりでした。しかし半世紀以上を経て、現在では即席麺市場の世界シェア１位は台湾メーカーの康師傅（こうしふ）

に奪われ、日清食品は2位となっています。ただしランキング上位には日清食品をはじめ3社の日本企業が入っており日本は大きな存在感を維持しています。

アジア新興国での現状では、ベトナムでのトップブランドは日本で、タイでもローカルブランドに食い込んで味の素（Yum Yum）が健闘しています。

同じＡＳＥＡＮでもまったく様相が異なるのがインドネシアです。インドネシアでは、国全体のうち94・8％のシェアをローカル企業が占める独擅場です。

インドネシアではイスラム教徒の割合が国民の約9割を占めており、豚肉の禁忌など食材にも厳しい宗教的な規制や独特の風習が数多くあります。ＡＳＥＡＮでは特にインドネシアが中心ですが、世界的にもこうしたイスラム教の食事制限（＝ハラル）の問題は食品マーケットでの重要課題となっていて、参入障壁になるケースがあります。

即席麺・インスタントラーメンシェア

ベトナム(2021)

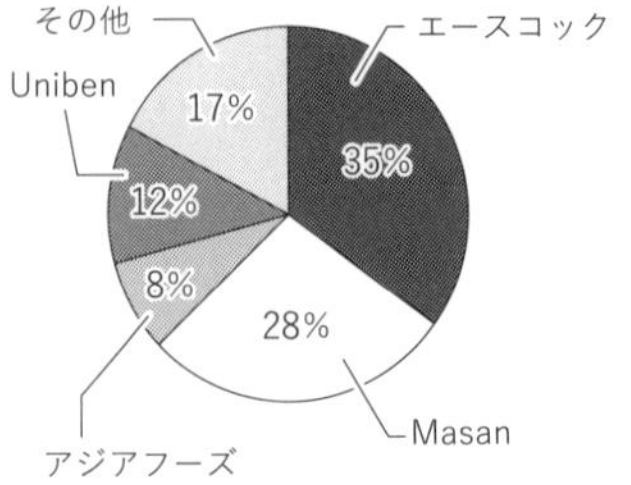

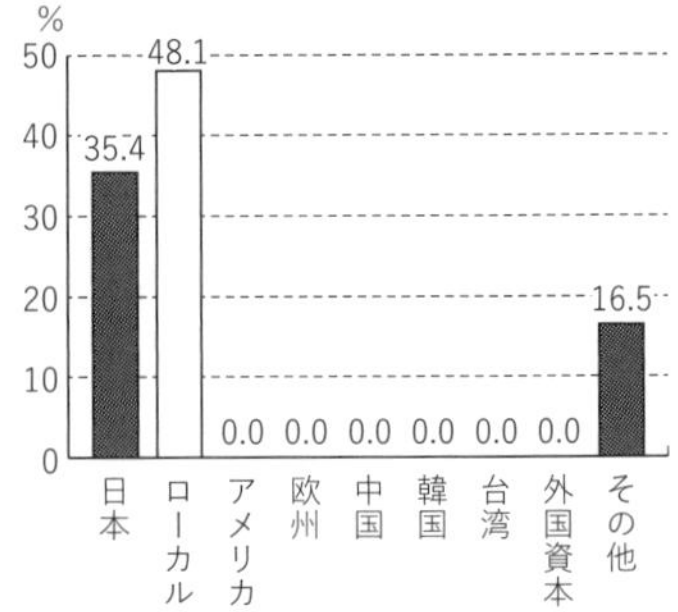

※エースコックが約50%シェアとの情報もあり
※エースコックは日本企業先行者利益
※2012年頃に日清(日本)も工場設立。当時はスーパー(MT)で少し流通していた

タイ(2021)

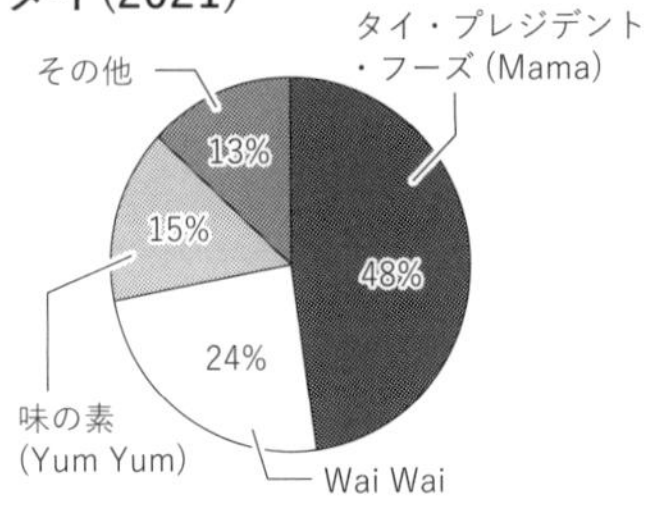

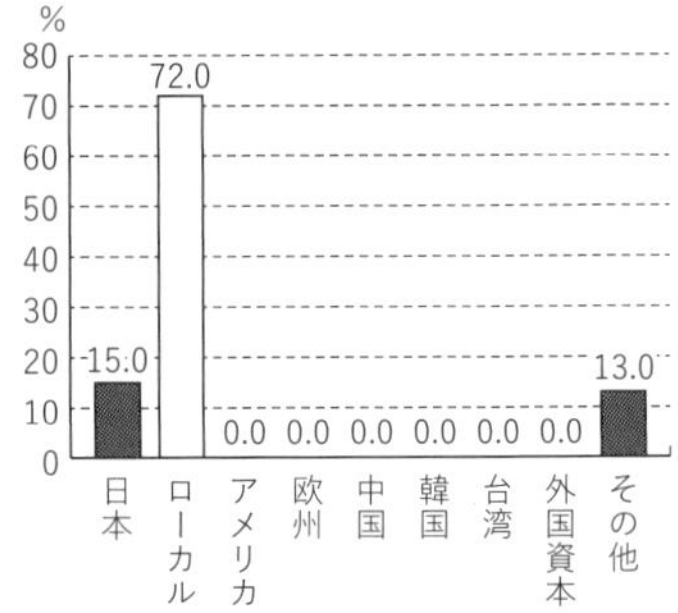

※味の素がシェア第２位の情報もあり

インドネシア(2022)

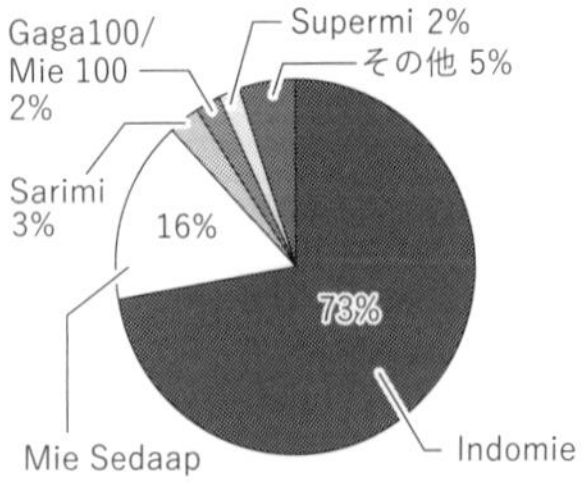

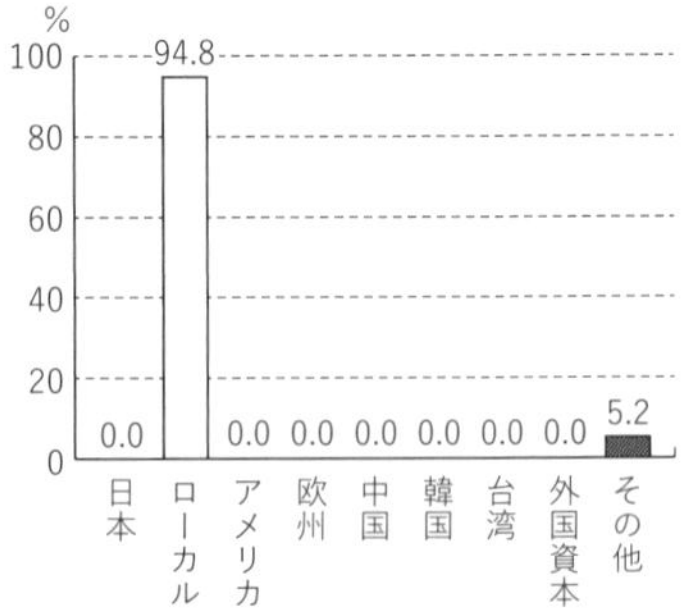

※ハラル対応の即席麺が主流

普及率の低い洗濯機でも中国・韓国企業が存在感を増す

戦後、日本で高度経済成長の象徴ともされたのが、テレビ、冷蔵庫、洗濯機の「三種の神器」でした。新興経済地域として発展し続ける東南アジア新興国でも似たような状況が予想できそうですが、実際にはテレビと冷蔵庫に比べて、洗濯機の一般家庭普及率は総じて高くありません。

現地で実感するのは、高所得層では一世帯に一台の保有が当然とはいえますが、中間層以下の層ではようやく最近になって普及し始めたという印象です。

タイ国家統計局（NSO）によれば、国内世帯の洗濯機の普及率は、2017年時点で66・7%です。最近は徐々に上昇しているものの、ペースは緩やかな普及という状況にとどまっています。

アメリカのNGOであるCLASPによる2020年の調査報告によると、インドネシアの洗濯機の普及率は29%程度と依然低く、今もなお手洗いをしている人たちも多くいま

洗濯機シェア

ベトナム(2015)

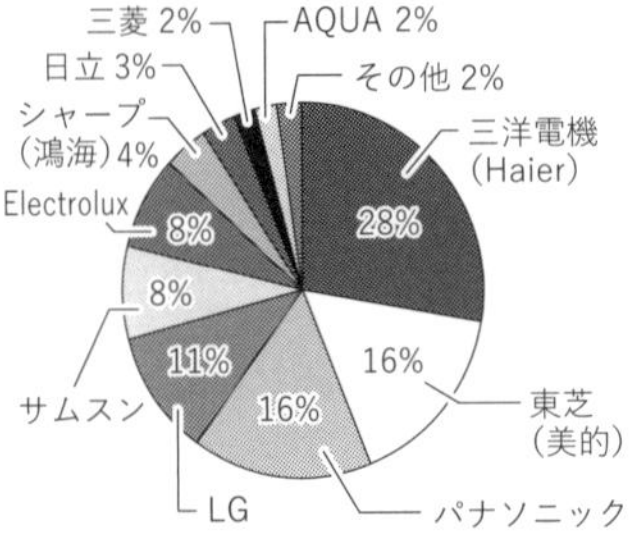

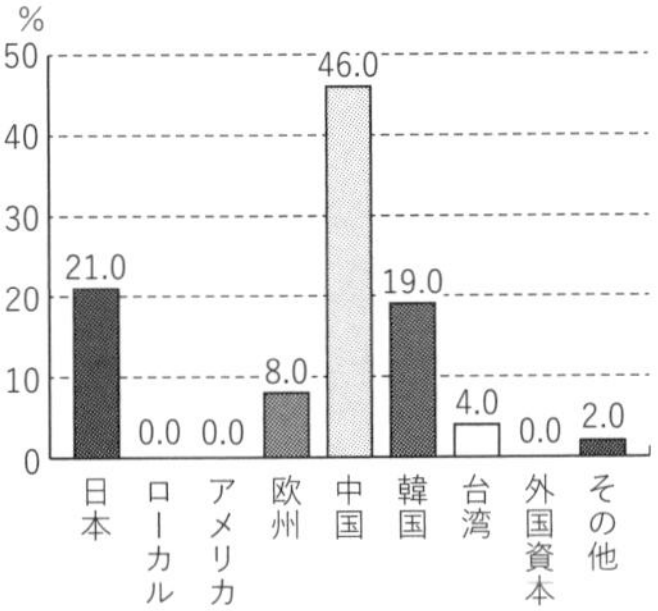

タイ(2015)

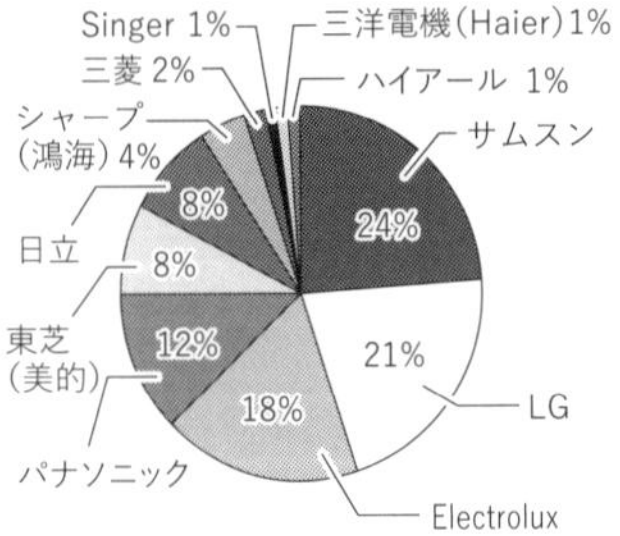

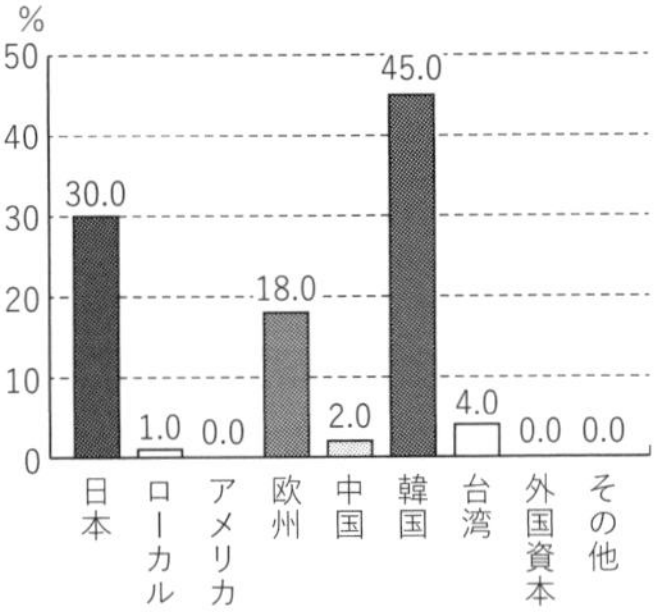

インドネシア(※2023年段階での保有率で調査)

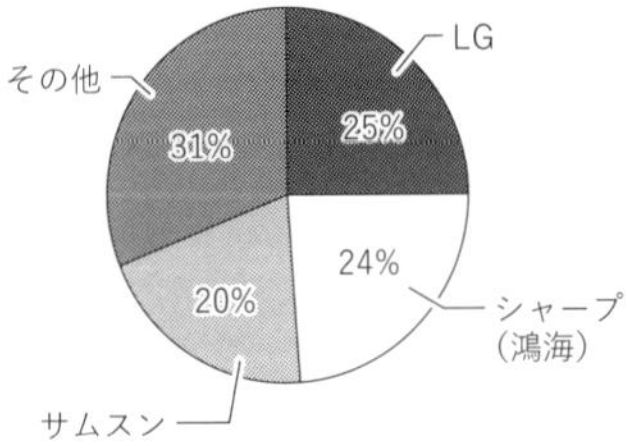

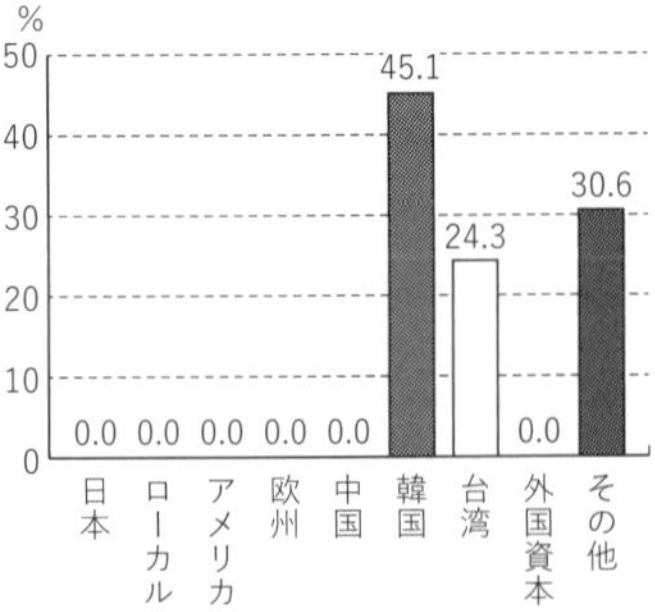

す。

洗濯機を所有する世帯でも約７割前後が二層式を使用しており、全自動（ドラム）洗濯機はほとんど浸透していないのが現状です。シェア獲得順位で見ると45・１％の韓国に続き、台湾が24・３％となり、日本企業は見当たらないのです。

日本企業に代わってアジアで存在感を増すコンペティターたち

東南アジア地域は有望な市場として世界的に見ても注目を集めるブロックです。国際機関の日本アセアンセンターによると、東南アジア地域の人口は１９８０年の約３・６億人から２０３０年には約７・３億人と2倍以上への増加が予想されています。日本との大きな違いは人口ピラミッドの形にはっきり表れています。

各国や地域の人口分布を男女別・年齢別にグラフにした人口ピラミッドからはそれぞれ

の国などの人口の現状だけでなく、将来の姿が分かります。少子高齢化の影響で中高年齢層がボリュームゾーンとなってしまった日本と比べると、ASEAN諸国では若年層が多く、将来の労働力と購買層の拡大が確実視されます。実際、名目GDPの伸びもここ10年間で2倍以上と、中国と並ぶ著しい経済成長を遂げていることも日本企業を惹きつける重要なポイントとなっています。

しかし、現状ではポテンシャルのあるASEANにもかかわらず、進出して目標どおりの成功を収めている日本企業は決して多くありません。

急速に存在感を増しているのが、これまでにはいなかった新たなコンペティターたち、すなわち中国や韓国企業といった存在が、さまざまなジャンルで台頭してきているのです。

国ごとに異なる個別事情をどうやってマーケティングに取り込めばいいのか

アジアのマーケティングで問題が単純でないのは、競争に敗れる原因が決して一つではないという点です。ひと口にASEANとはいうものの、実態は国ごとに大きく異なります。1967年発足当時のタイ、インドネシア、シンガポール、フィリピン、マレーシアという原加盟5カ国から、現在は10カ国にまで拡大するとともに、国民性や民族性の違いや各国独自の商習慣、サプライチェーンの特徴などの差は広がる一方です。

マーケティングの面では東南アジア新興国に共通する条件とともに、国ごとの独自性に配慮した方法を取らなければならないと想像がつくはずですが、実際に対応していくのは決して簡単ではありません。しかも成功する施策、失敗に終わる施策について、なぜその結果が生まれたのかを判断するのも非常に難しいのです。

私がよく調査を頼まれる台湾でトップシェアを誇るA社の空調メーカー部門は、他国ではどこでも弱小グループから抜け出せません。またASEAN各国でおしなべてトップグループに入るB社も、なぜかタイではシェアを伸ばせないのです。

自動車産業を筆頭に、輸出国家日本を代表してきた家電や電子機器をはじめ、アパレル産業、食品業から小売業に至るまで東南アジア新興国をマーケットにもたない日本企業はありません。多くは進出の度合いを深化させることで単なる市場進出の枠を超えて、製造業などは現地での生産へと事業をシフトするものもあります。またグローバル戦略を見据えて世界へ向けた生産センターとしての役割を担わせるところも増加しつつあります。

しかし残念ながら、日本企業の勢いは決して期待ほどには増していないのが現状です。自動車はまだASEANの多くの国でトップシェアを誇るものの、その他のどの業界においても、日本の企業同士が各国市場で販売のトップ争いを繰り広げるなどという例はほとんどありません。

日本企業がこのような形で苦戦を強いられていて、新興のコンペティターである中国や韓国の企業は一気に市場シェアを伸ばしているのです。

第 2 章

なぜ日本企業は後れを取るのか？

欧米・中国・韓国――
諸外国企業にあって
日本企業にはない“強み”

日本企業の想定を超えて変化するアジア

これまでアジアと緊密な関係にあったにもかかわらず、日本企業がアジアマーケティングに苦戦を強いられている現状について、真剣に問題意識をもって考えていく必要があります。そのためには、私たちはアジア市場に対する認識をアップデートしておくべきです。日本企業が本格的にアジア進出を始めた1980年代から40年以上が経った現在では、アジア各国の状況は完全に変わっているのです。

発展途上といわれたかつての東南アジア（ASEAN）諸国の所得階層別人口ピラミッドを見ると、大多数を貧困層が占める状況が長期にわたって続いてきました。多くの国々で人口のほとんどが貧困層で、さらに富裕層と貧困層の間には巨大な所得格差が存在していたのです。

所得格差による分類については一般的に所得層の基準として、年間の個人所得から税金や社会保険料を引いた一人あたりの年間可処分所得の額が指標とされています。この家計あたりの年間可処分所得が3万5000ドル超を「富裕層」、5000ドル超3万

5000ドル以下の層を「中間層」、5000ドル以下を「低所得者層（貧困層）」と定義します。この分類は経済産業省の「通商白書」によるものを使っています。

ピラミッドの最底辺、年間所得3000ドル未満で生活する消費者をBOP（Base Of Pyramid）層と分類しますが、この割合は世界人口の約72%を占めるといわれています。

電化製品を中心に、一定程度を超える価格の製品を商材とする日本企業にとって、ASEAN人口の大部分を占める貧困層はユーザーになり得ません。そのため多くの日本企業は結果的にわずか25%にも満たない中間層以上をターゲットとせざるを得ず、これまでは中間層以上に向けてアプローチをしてきたのです。

しかし、ASEANはいまや総GDP2兆4000億ドルに達する経済圏で、年間平均成長率5・1%と著しい経済成長率となり、世界中から注目を集めるほどになりました。急成長に伴って最近では各国で中間層と富裕層が拡大して消費ボリュームゾーンへと変化しつつあります。同時に購買力も上がっているということです。

この経済成長は日本企業に追い風を吹かせるかと思いきや、そうはなっていません。現在のアジアの国々に加えASEAN主要国の人口動態を詳しく示しながら、国力の一定の指標として重視される人口が購買力にどのように関連しているのかを分析していきます。

中国

アジア全域に影響力を拡大する世界第2位の経済大国の実態

基準として考えるのはアジア随一の経済大国である中国です。長く世界一の人口を誇った中国は、「一人っ子政策」なども影響して、２０２３年の7月には人口世界一の座をインドに明け渡したとされます。それでもインドと並んで14億人以上の人口の超大国であることには変わりなく、２０２１年時点での総人口は14・39億人、うち上位中間層以上の割合は約53％にまで達しています。

内訳は上位中間層が40％、富裕層は13％と新興経済国としてはいずれも高い割合であることが分かります。

一方では富裕層と貧困層の格差が激しく二極化する傾向が強まり、都市部と地方部の所得格差は今後も進行していくと考えられます。著しく経済成長を続ける中国は、高速成長の段階からすでに質の高い発展へと方向転換し、ブランド力の確立を目指している段階です。

中国の所得・特徴

<table>
<tr><td>% FY20</td><td>（富裕層+上位中間層　割合）53.0%</td></tr>
<tr><td>国の特徴</td><td>○人口14億人を超える
（ただし、2023年にインドが人口世界1位となる）
○豊富な資源と人材</td></tr>
<tr><td>経済の特徴</td><td>・世界の工場と呼ばれるほど、世界中が経済面で中国に依存
・中国経済は、すでに高速成長の段階から質の高い発展の段階に方向転換</td></tr>
<tr><td>経済リスク</td><td>▲アメリカとの貿易戦争
▲高まる債務リスク</td></tr>
<tr><td>所得層</td><td>2015年　2020年

（U：万世帯／全世帯%）<table><tr><td>富裕層</td><td>2,513</td><td>6.6%</td></tr><tr><td>上位中間層</td><td>8,177</td><td>21.5%</td></tr><tr><td>合計</td><td>10,690</td><td>28.1%</td></tr></table>（U：万世帯／全世帯%）<table><tr><td>富裕層</td><td>5,050</td><td>13.0%</td></tr><tr><td>上位中間層</td><td>15,538</td><td>40.0%</td></tr><tr><td>合計</td><td>20,588</td><td>53.0%</td></tr></table>所得二極化進行中
・「都市部」と「地方部」の格差拡大が二極化の要因</td></tr>
<tr><td>上位中間層～富裕層の高収入職業ランキング</td><td>【富裕層～超富裕層】
①経営者、起業家、投資家　②財閥、共産党　③大企業の役員
【上位中間層～富裕層】
①大企業の営業部長（年収：約3,150万円）　②弁護士（年収：約2,050万円）　③銀行員（年収:約1,900万円）　④コンサルタント（年収:1,100万円）　⑤広告ディレクター（年収：約1,100万円）　⑥プログラマー／開発（年収：約950万円）</td></tr>
<tr><td>上位中間層以上の傾向</td><td>・他アジアと比べ、中間上位層の相対的な年収金額が高く、年収が高い職業は高学歴なものが多い
⇒上位中間層以上は教育にお金をかける</td></tr>
</table>

中国の世代別総人口推移（男女：千人）

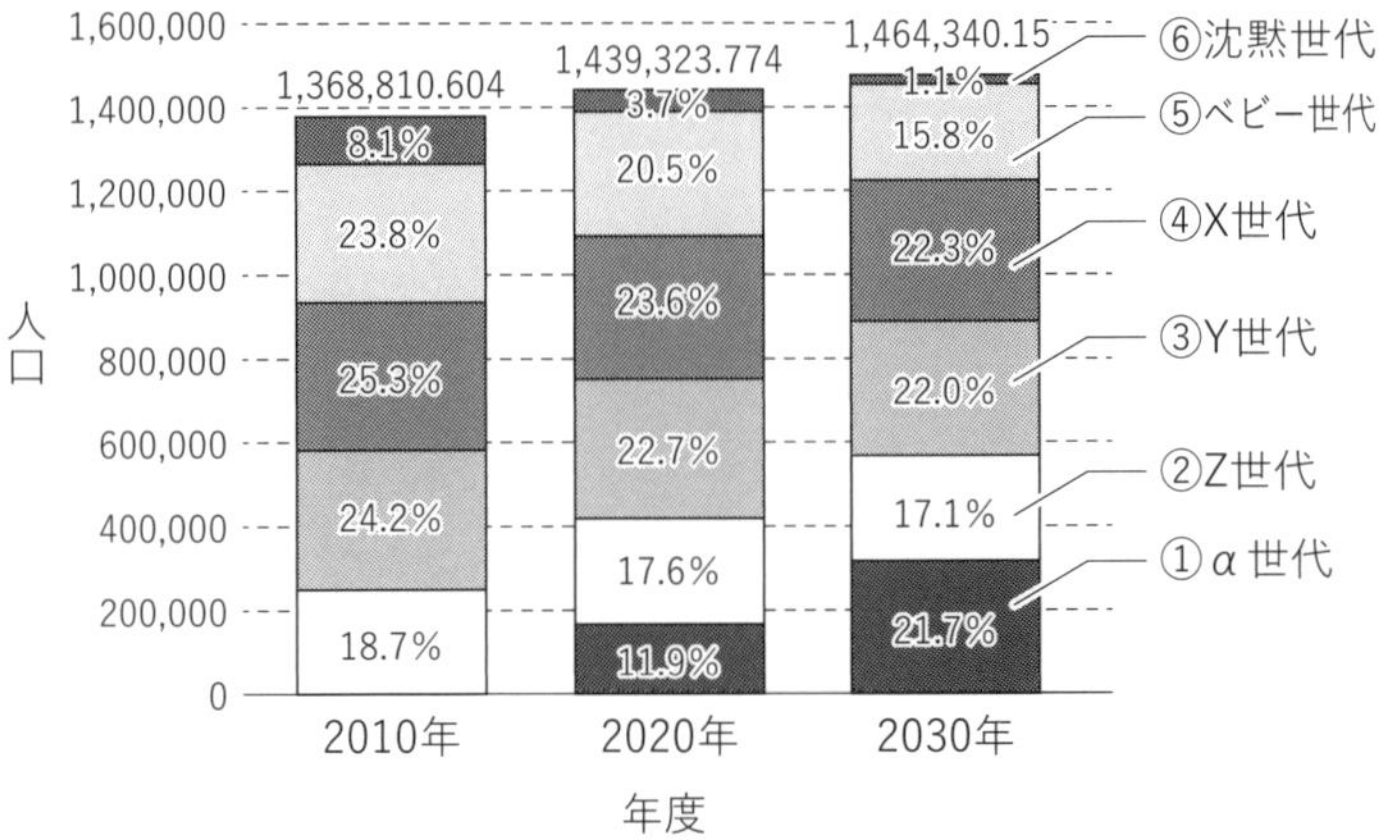

世代別の割合を見ると、現在、中国国内で最も多くの割合を占めているのはX世代（1965～1980年生まれ）で23・6％、次いでY世代（1981～1996年生まれ）が22・7％、ベビーブーム世代（1946～1964年生まれ）の20・5％に、Z世代（1997～2012年生まれ）の17・6％が続きます。このZ世代が中国の総人口に占める割合は20％に満たないものの、消費への寄与は40％に達しています。人口比と比較すると経済に寄与するこの世代の圧力の大きさが理解できるはずです。中国のZ世代は自国の文化を大いに好んでいるという特徴があり、国潮（中国伝統の要素を取り入れたおしゃれな国産品のトレンド）、中国風、中国ブラン

ド、中国製品を積極的に消費する傾向にあることが知られています。

シンガポール

ＡＳＥＡＮ最大の経済大国
富裕層人口81・5％の国

シンガポールは東南アジア域内でも特に富裕層の割合が多く、ＡＳＥＡＮ経済を牽引する国です。東京23区と並ぶほどの国土面積で人口はわずか約５８５万人（２０２０年）と、23区の６割ほどです。人口はＡＳＥＡＮ内でも最下位のブルネイ（約43万人）の次に少ないにもかかわらず、一人あたりの名目ＧＤＰは約８万２５０３米ドル（２０２０年）で、なんと日本（約３万９３０１米ドル）の約２倍にも達するＡＳＥＡＮ最大の経済国家となっており、世界の金融センターの一角を占める特殊な国家であるともいえます。

富裕層人口は約81・５％と人口比として最も多くの割合を占めており、多くの日本企業は高付加価値をもつ商品の提供によって富裕層を取り込みました。中間層は31・９万世帯で全体の17％ほどで、うち上位中間層が13・９％、下位中間層が３・５％と中間層間でも

シンガポールの所得・特徴

<table>
<tr><td>% FY20</td><td>（富裕層+上位中間層　割合）95.4%</td></tr>
<tr><td>国の特徴</td><td>○東京23区並みの広さの都市国家
○常夏の熱帯性気候
○アジアの縮図-多民族国家
○統制国家と自由国家の両側面をもつ</td></tr>
<tr><td>経済の
特徴</td><td>・外資、政府系が活躍
・製造業も健在
・外国人受け入れ姿勢を抑制
・低成長時代の到来</td></tr>
<tr><td>経済
リスク</td><td>▲経済運営は健全（リスクは小さい）
▲中長期成長率は低下
▲自然災害リスクは小さい</td></tr>
<tr><td>所得層</td><td>
2015年

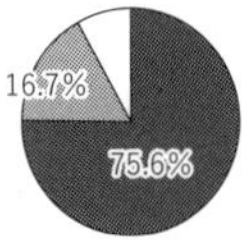

1.1倍

2020年

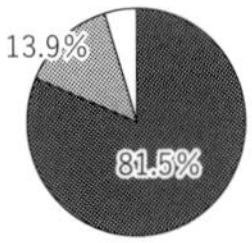

（U：万世帯／全世帯%）
<table>
<tr><td>富裕層</td><td>127</td><td>75.6%</td></tr>
<tr><td>上位中間層</td><td>28</td><td>16.7%</td></tr>
<tr><td>合計</td><td>155</td><td>92.3%</td></tr>
</table>

（U：万世帯／全世帯%）
<table>
<tr><td>富裕層</td><td>141</td><td>81.5%</td></tr>
<tr><td>上位中間層</td><td>24</td><td>13.9%</td></tr>
<tr><td>合計</td><td>165</td><td>95.4%</td></tr>
</table>

所得二極化成熟
・近年は政府が格差対策
・高齢でも働く低所得層（生活費の高さと年金不足が要因）
</td></tr>
<tr><td>上位中間層
～富裕層の
高収入職業
ランキング</td><td>【富裕層～超富裕層】
①経営者、起業家、投資家　②政府高官　③大企業の幹部・役員
【上位中間層～富裕層】
①プロジェクトマネジャー（年収:約1,056万円）　②シニアソフトウェア（年収：約818万円）　③ソフトウェア（年収：約624万円）　④会計士（年収：604万円）　⑤機械エンジニア（年収：約540万円）　⑥マーケティング（年収：約438万円）</td></tr>
<tr><td>上位中間層
以上の傾向</td><td>・経済大国であるが、低成長時代を迎えており、所得格差も根強く残る。上位中間層以上の職種もプロジェクトマネジャーやマーケティングなど、先進国ならでは
⇒需要が一巡しているため、娯楽や家電の伸びしろは小さい</td></tr>
</table>

シンガポールの世代別総人口推移（男女：千人）

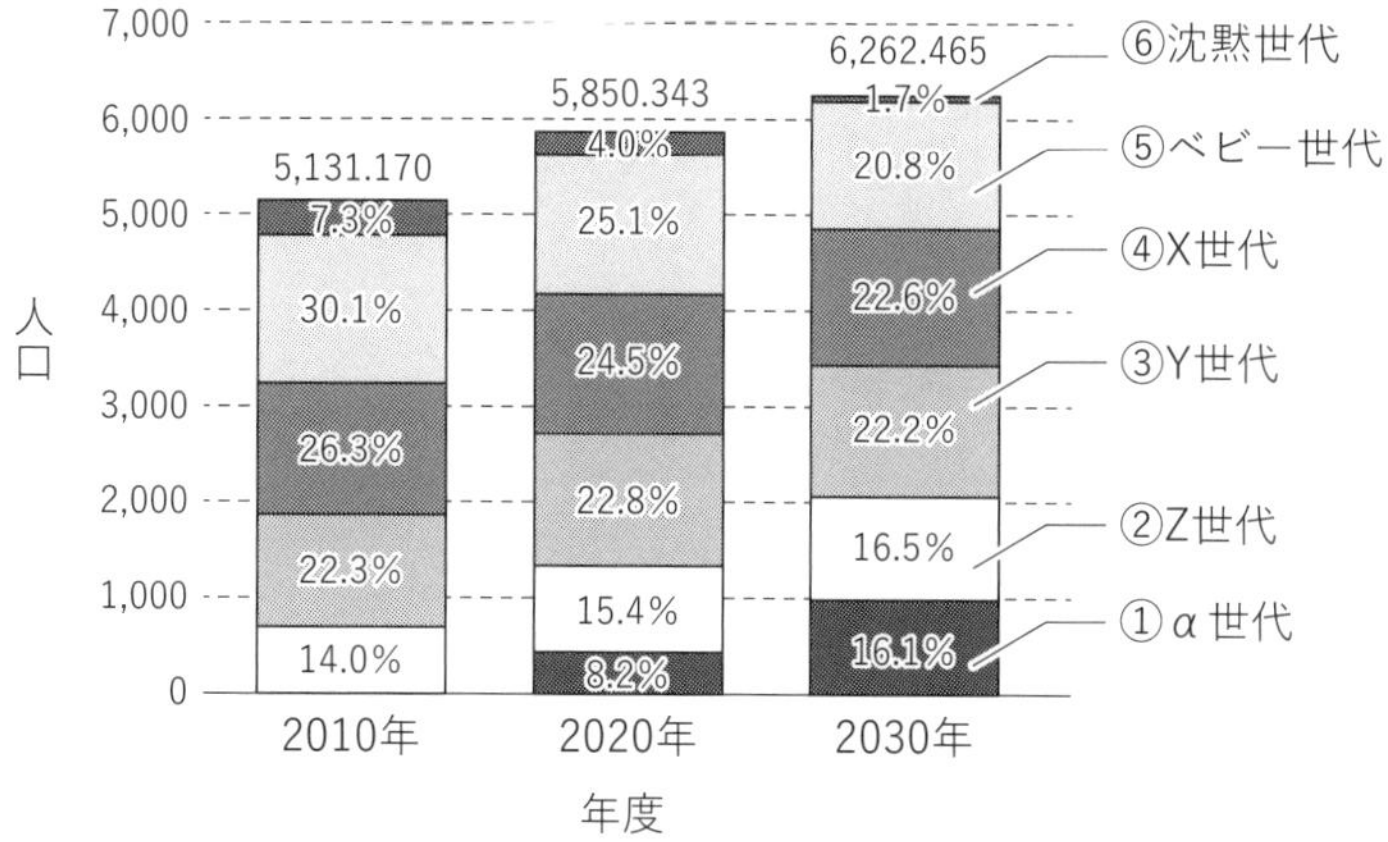

大きな差があることが分かります。

なぜこれほどまでに富裕層の割合が高いのかというと、シンガポールには純金融資産保有額が10億円を超える「超々富裕層」が数多く在住しており、不動産、投資家、石油取引、銀行業などで大きな成功を収めた大富豪が世界中から集まってきているからです。シンガポールは所得税が非常に低く、贈与税や相続税もありません。

しかしながらシンガポールは超格差社会で、人口の1割程度の貧困層は深刻な貧困・格差問題にあえいでいます。近年になってようやくシンガポール政府はこの格差対策に取り組むようになりました。シンガポールはASEAN諸国で最も高いインターネット普及率とスマートフォン保有率を誇り、多くの消費者がオンラインでのショッピングに慣れているため、今後大きく期待される東南アジア新興国のＥＣマーケットのなかでも、特にシンガポールのＥＣ市場は活発に展開していくと予測できます。

マレーシア

多様な宗教・文化が入り交じる多民族国家
富裕層と貧困層の二極化が進む

ＡＳＥＡＮイスラム金融の中心地であるマレーシアも、上位中間層比率が高い国です。人口約３２３７万人のうち、上位中間層は32・６％、下位中間層は13・９％で、富裕層は47・７％と中間層以上の割合が全体の９割以上を占める、ＡＳＥＡＮのなかでも最も経済発展が進んでいる国の一つともいえます。

マレーシアはマレー系、インド系、中華系などの多くの民族で形成された多民族国家であり、多様な宗教・文化が混在しています。こうした特徴から所得格差が顕著になっており、建国時から人口の７割を占める「マレー人」の多くが貧困にあえぐ一方で、「華人」

マレーシアの所得・特徴

<table>
<tr><td>% FY20</td><td>（富裕層+上位中間層　割合）80.3%</td></tr>
<tr><td>国の特徴</td><td>○資源に恵まれた国
○輸出志向型の工業化が進展
○多様な民族、宗教が混在（宗教対立の火種）
○マレー系住民優遇策</td></tr>
<tr><td>経済の特徴</td><td>・経済の強みとして、原油の存在、優れた投資環境、イスラム関連ビジネス
・弱みは高度人材の少なさ</td></tr>
<tr><td>経済リスク</td><td>▲原油依存の経済
▲外貨準備が過少
▲人口動態の追い風は弱まる</td></tr>
<tr><td>所得層</td><td>2015年
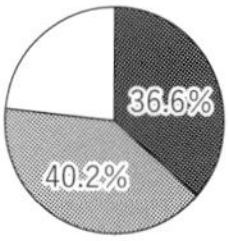
1.1倍
2020年
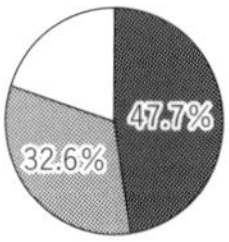
（U：万世帯／全世帯%）
<table>
<tr><td>富裕層</td><td>264</td><td>36.6%</td></tr>
<tr><td>上位中間層</td><td>290</td><td>40.2%</td></tr>
<tr><td>合計</td><td>554</td><td>76.8%</td></tr>
</table>
（U：万世帯／全世帯%）
<table>
<tr><td>富裕層</td><td>366</td><td>47.7%</td></tr>
<tr><td>上位中間層</td><td>250</td><td>32.6%</td></tr>
<tr><td>合計</td><td>616</td><td>80.3%</td></tr>
</table>
所得二極化進行中
・「マレー人」と「華人」の所得格差が二極化の要因</td></tr>
<tr><td>上位中間層〜富裕層の高収入職業ランキング</td><td>【富裕層〜超富裕層】
①経営者、起業家、投資家　②政府高官、軍関係者　③大企業の幹部-役員
【上位中間層〜富裕層】
①IT（年収：約424万円）　②オイル＆ガス（年収：約347万円）　③グラフィックデザイン（年収:約300万円）　④インテリアデザイン（年収:250万円）　⑤建築士（年収：約240万円）　⑥人事（年収：約220万円）</td></tr>
<tr><td>上位中間層以上の傾向</td><td>・富裕層の台頭が間近であり、その分上位中間層の割合は減少傾向にあり、さらに上位中間層の年収も平準化されてきている
⇒もともと家電などの普及率はすでに高く、収入の平準化から、外食産業や娯楽産業の消費が進む</td></tr>
</table>

マレーシアの世代別総人口推移（男女：千人）

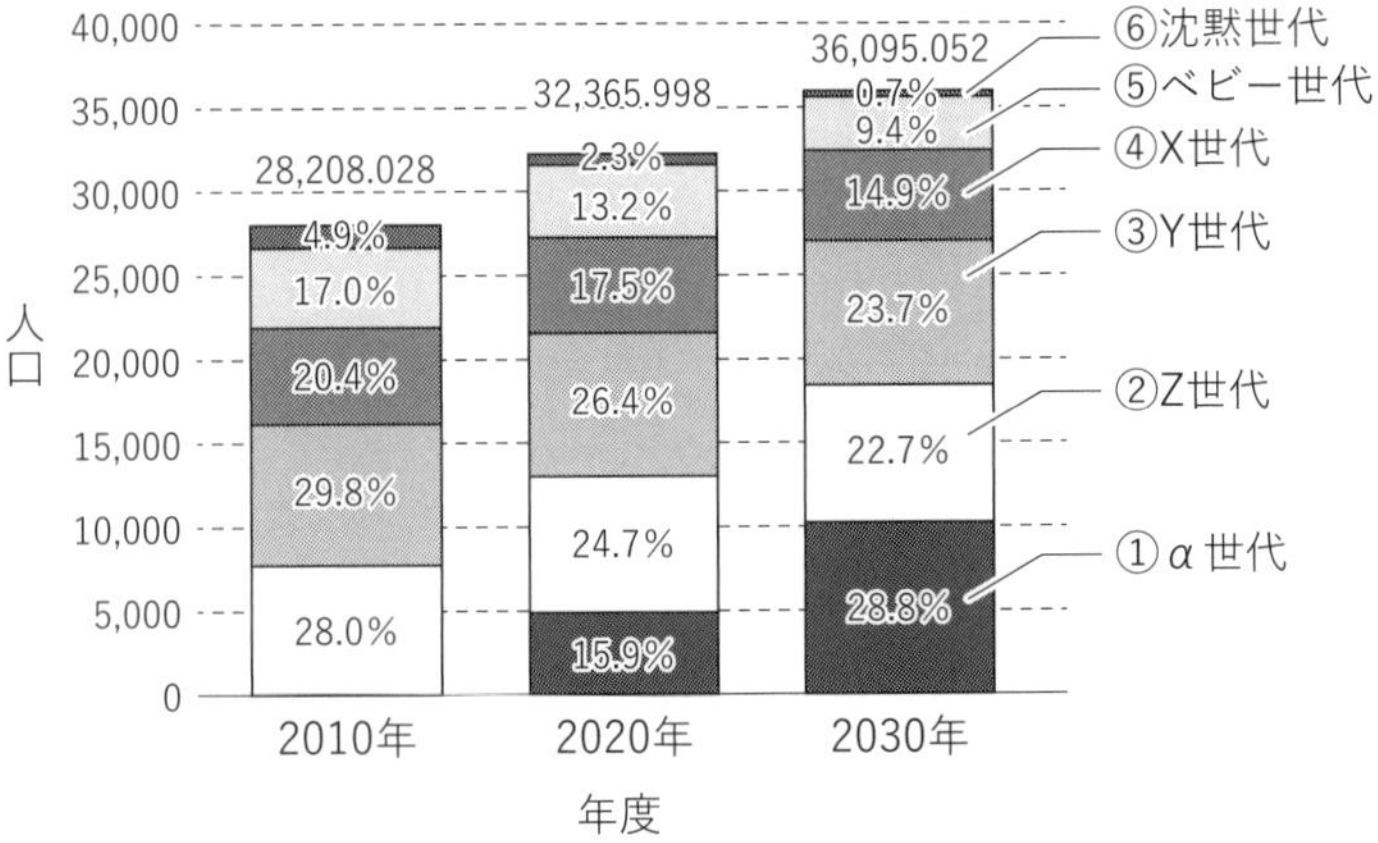

などの少数派の非マレー人が比較的裕福であるという格差構造を抱え、両者の対立が進んだため、マレーシア政府は1971年からマレー人を経済的に優遇する国策を施行しています。

首都クアラルンプールをはじめとして、ジョージタウン、ジョホールバルといった都市はすでに近代化を遂げています。クアラルンプールには総人口のうち23・2％が居住していることから、マレーシアは都市化率が高く、都市部に人口が集中しているという特徴があります。

マレーシアでは若年人口の割合が他国に比べてかなり高く、平均年齢は30歳（2022年マレーシア統計局）と非常に若くなっています。

タイ
スマートシティの開発が推進される微笑みの国
首都バンコクを中心に中間層の割合は7割

海外からの事業投資を積極的に導入し、自動車産業のほかに電機・電子産業といった製造業が盛んなタイの総人口は約6980万人です。一人あたりの名目GDPは約7187米ドル（2018年）と、ASEANのなかでも成熟に近付いているとされる国で、中国に次ぐ世界第2位の日本企業の集積国となっています。周辺国と比べても賃金が高く、首都バンコクを中心に中間層の割合が最も多く7割近くを占めています。そのうち上位中間層は36・9%、富裕層は11・1%ほどであるものの、贈与税の優遇や相続税、固定資産税が実質的にないことから、富裕層を優遇した制度が特徴です。

2015年、タイ政府は長期的に目指すべき経済社会のビジョン「タイランド4・0」を提示しており、当面は長期目標に向けた助走期間となることが予測できます。とはいえ、

タイの所得・特徴

<table>
<tr><td>% FY20</td><td>（富裕層+上位中間層　割合）48.0%</td></tr>
<tr><td>国の特徴</td><td>○ASEANを代表する製造拠点
○豊富な観光資源に恵まれた国
○周辺国と比べて賃金が高い
○マレー系住民優遇策</td></tr>
<tr><td>経済の特徴</td><td>・経済は停滞が続く
・中所得国のレベルから抜け出せない
・「タイランド4.0」に取り組み中
・周辺国のダイナミズムを取り込む
・当面は長期目標に向けた助走期間</td></tr>
<tr><td>経済リスク</td><td>▲大洪水の再発
▲ポピュリズムの再来リスク（大衆に迎合して人気をあおる政治姿勢）
▲通貨危機の再来リスク（年々格段に低下）</td></tr>
<tr><td>所得層</td><td>

（U：万世帯／全世帯%）
<table>
<tr><td>富裕層</td><td>125</td><td>5.9%</td></tr>
<tr><td>上位中間層</td><td>524</td><td>24.7%</td></tr>
<tr><td>合計</td><td>649</td><td>30.6%</td></tr>
</table>
（U：万世帯／全世帯%）
<table>
<tr><td>富裕層</td><td>237</td><td>11.1%</td></tr>
<tr><td>上位中間層</td><td>790</td><td>36.9%</td></tr>
<tr><td>合計</td><td>1,027</td><td>48.0%</td></tr>
</table>
中間層台頭
・贈与税の優遇、相続税が実質ゼロ、固定資産税が実質ゼロなど富裕層優遇</td></tr>
<tr><td>上位中間層〜富裕層の高収入職業ランキング</td><td>【富裕層〜超富裕層】
①経営者、起業家、投資家　②政府高官、軍関係者　③大企業の幹部・役員
【上位中間層〜富裕層】
①パイロット（年収：約632万円）　②医師（年収：約448万円）　③エンジニア（年収：約394万円）　④歯科医（年収：390万円）　⑤薬剤師（年収：約380万円）　⑥建築士（年収：約372万円）</td></tr>
<tr><td>上位中間層以上の傾向</td><td>・ASEAN屈指の経済国であり、近年中間上位層が拡大基調にあり、高所得国入り目前
⇒どの職種でも総じて年収が高く、消費意欲旺盛</td></tr>
</table>

タイの世代別総人口推移（男女：千人）

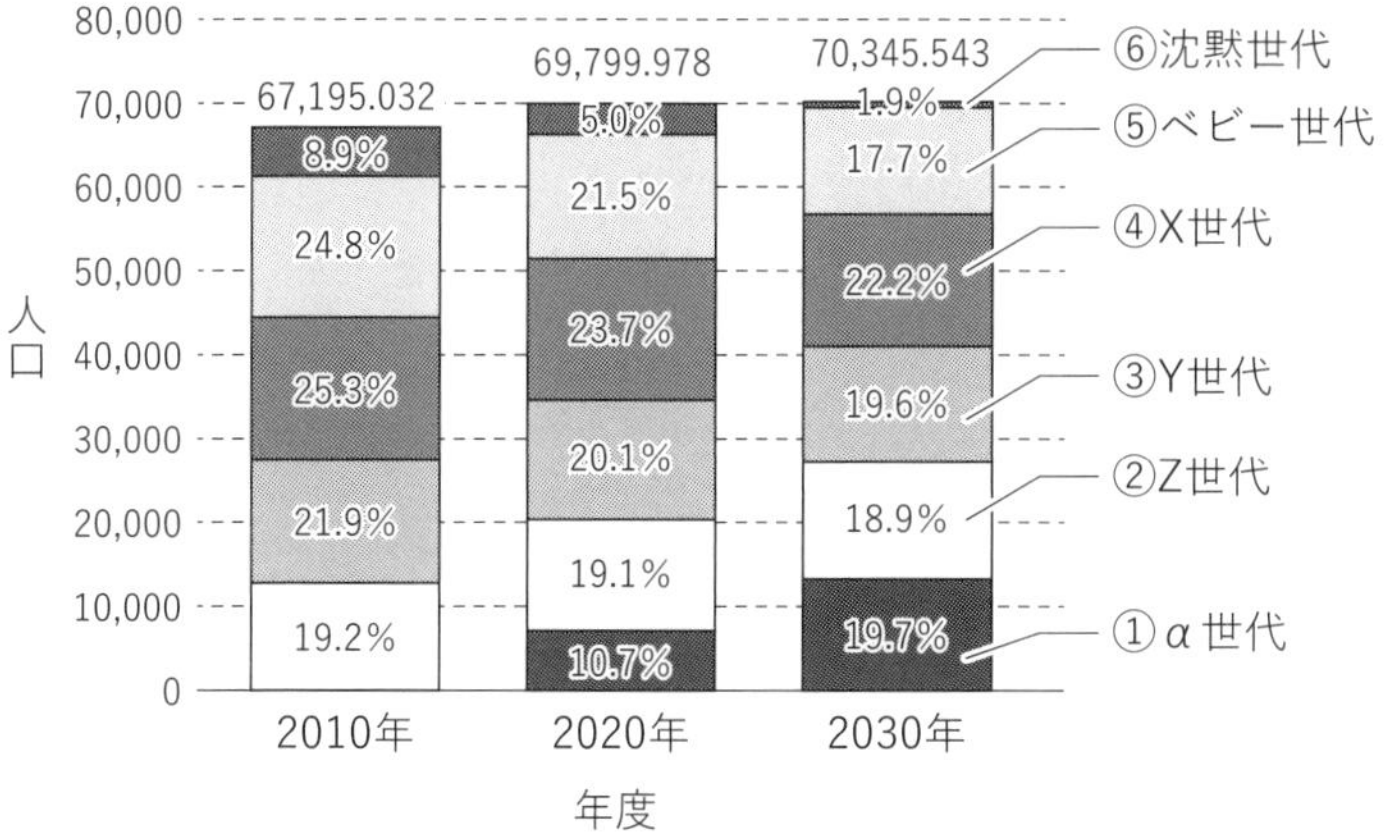

近年では上位中間層が拡大基調にあり、今後は著しい経済発展が期待できるといって間違いありません。都市化が進んでいる国でもあり、バンコク、チェンマイ、プーケットなどの都市ではスマートシティの開発が推進されています。

フィリピン

ASEAN域内人口第2位の国 首都マニラ以外の貧困率解消が課題

総人口約1億９５８万人とＡＳＥＡＮ域内でも人口2位のフィリピンは、若年層も多く、長期にわたる人口増加が予測されています。フィリピンの富裕層は11・2％、上位中間層は37・１％ですが、所得格差が深刻な問題となっています。

理由はフィリピンの経済的国家体制にあります。フィリピン経済は中国系財閥とスペイン財閥がリードしていて、これにより中間層が土地を所有することができず、所得格差が開く要因となっているのです。フィリピンには企業や産業が少なく、就労人口と働き口のバランスが取れていません。

ほかのアジア地域と比べて首都圏への人口集中が極端に高い状況も、所得格差を引き起こす重大な要因となっています。特に26・４％の人口を有する首都マニラと周辺地域の所得格差は顕著であり、地方部では貧困率が急激に上昇し、ミンダナオ地方では貧困率61・３％にまで達しています。フィリピン政府統計局によると、２０１８年時点ではフィ

フィリピンの所得・特徴

<table>
<tr><td>% FY20</td><td>（富裕層+上位中間層　割合）48.3%</td></tr>
<tr><td>国の特徴</td><td>○ASEAN第2位の人口
○英語を話す人口は70%
○経済面では中国系財閥がリード役
○国民の英語力が経済の強み
⇒英語力を活かせる産業が発展傾向</td></tr>
<tr><td>経済の特徴</td><td>・アジアの病人から希望の星へ
・個人消費の伸び底堅い
・チャイナプラスワン候補
・インフラの質の低さ
・10年以内に上位中所得国入り</td></tr>
<tr><td>経済リスク</td><td>▲高成長の裏で対外バランス悪化
▲トランプアメリカ第一主義がリスク
▲世界的に高水準の災害リスク</td></tr>
<tr><td>所得層</td><td>

（U：万世帯／全世帯%）
<table>
<tr><td>富裕層</td><td>134</td><td>6.1%</td></tr>
<tr><td>上位中間層</td><td>598</td><td>27.3%</td></tr>
<tr><td>合計</td><td>732</td><td>33.4%</td></tr>
</table>
（U：万世帯／全世帯%）
<table>
<tr><td>富裕層</td><td>263</td><td>11.2%</td></tr>
<tr><td>上位中間層</td><td>875</td><td>37.1%</td></tr>
<tr><td>合計</td><td>1,138</td><td>48.3%</td></tr>
</table>
所得格差拡大中
・格差要因は、スペイン系大地主と華人の財閥化により、中間層は土地をもてない</td></tr>
<tr><td>上位中間層～富裕層の高収入職業ランキング</td><td>【富裕層～超富裕層】
①経営者、起業家、投資家　②財閥、政府高官　③大企業の幹部・役員
【上位中間層～富裕層】
①パイロット（年収：約599万円）　②地質コンサルタント（年収：約387万円）　③グラフィックデザイナー（年収：約380万円）　④エンジニア（年収：291万円）　⑤ソフトウェア（年収：約144万円）　⑥BPO/コールセンター（年収：約70万円*1日*4h）</td></tr>
<tr><td>上位中間層以上の傾向</td><td>・他アジアと比べて、首都圏への人口集中が極端に高く、首都圏を中心に上位所得層が消費を回しており、デザイナー等の文化的職種が上位中間層以上に多い
⇒英語圏ということもあり、欧米に倣った消費傾向</td></tr>
</table>

フィリピンの世代別総人口推移（男女：千人）

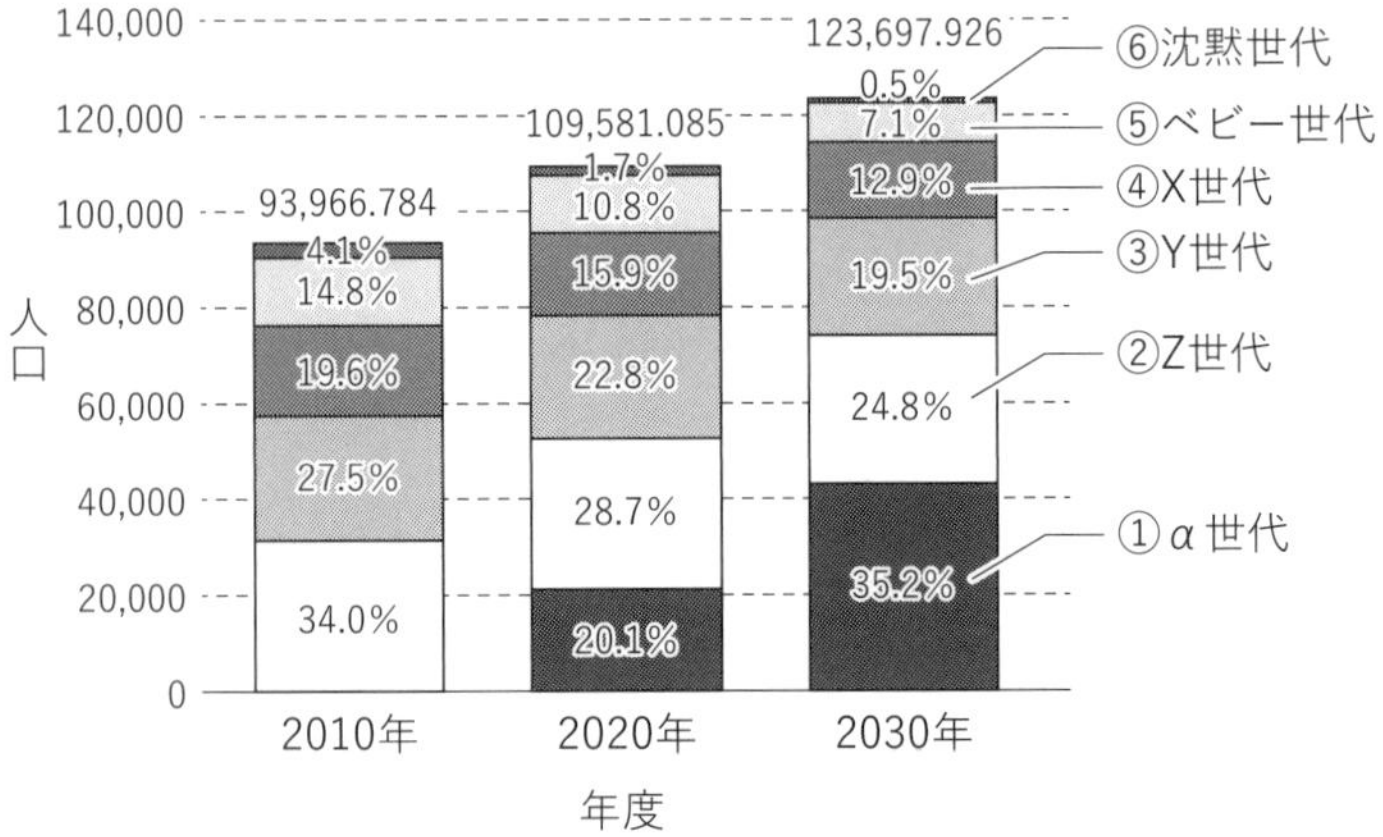

リピン国内の２４０万世帯が飢餓に苦しんでいるという結果が出ているのです。

フィリピンではZ世代の人口が最も多く、28・7%もの割合を占めており、平均年齢は24・3歳と非常に若くなっています。

インドネシア

世界最大のイスラム人口を有する国
人口の7割は中間層

ＡＳＥＡＮで総人口、国面積ともに圧倒的な規模を誇り、市場としての存在感も年々顕著になっているのがインドネシアです。

人口は2億７３５２万人もいるものの、一人あたりの名目ＧＤＰは３５００米ドル程度と中所得国レベルであり、シンガポールやマレーシアとは大きく差が開いています。

インドネシア人口の7割近くは中間層で、65・4％もの割合を占めています。そのうち下位中間層は41％で上位中間層は24・4％と、中間層のなかでも大きく分かれています。また富裕層は全体のわずか6・2％しかおらず、所得格差は拡大し続けています。インドネシアでは、一部の裕福な地域や世帯に富が集中しているものの、富裕層の割合は増加傾向が続いているため成長が期待できる国だといえます。

多様な資源の輸出国でもあるインドネシアには、多様な民族、言語、宗教が入り交じっています。世界最大のイスラム人口を有しており、イスラム教徒の割合は約87・2％、キリス

インドネシアの所得・特徴

<table>
<tr><td>% FY20</td><td>（富裕層+上位中間層　割合）30.6%</td></tr>
<tr><td>国の特徴</td><td>○ASEANでは圧倒的規模
○市場としての存在感も年々顕著
○多様な資源輸出国
○多様な民族、言語、宗教
○教育水準の指針中</td></tr>
<tr><td>経済の特徴</td><td>・景気は穏やかな減少傾向
・景気減速要因として、資源価格下落、金融引き締め
・2025年までの上位中所得入りが目標</td></tr>
<tr><td>経済リスク</td><td>▲改革の停滞、後退のリスク
▲資本流出の脆弱性
▲頻発する地震、火山の噴火</td></tr>
<tr><td>所得層</td><td>

（U：万世帯／全世帯%）
<table>
<tr><td>富裕層</td><td>238</td><td>3.6%</td></tr>
<tr><td>上位中間層</td><td>1,380</td><td>20.9%</td></tr>
<tr><td>合計</td><td>1,618</td><td>24.5%</td></tr>
</table>
（U：万世帯／全世帯%）
<table>
<tr><td>富裕層</td><td>429</td><td>6.2%</td></tr>
<tr><td>上位中間層</td><td>1,700</td><td>24.4%</td></tr>
<tr><td>合計</td><td>2,129</td><td>30.6%</td></tr>
</table>
所得格差拡大中
・富裕層の増加と富の集中が進行中</td></tr>
<tr><td>上位中間層～富裕層の高収入職業ランキング</td><td>【富裕層～超富裕層】
①経営者、起業家、投資家　②政府高官、軍関係者　③大企業の幹部-役員
【上位中間層～富裕層】
①パイロット（年収：約700万円）　②専門医（年収：約672万円）③コミュニティーマネジャー（年収：約272万円）　④IT関連（年収：200万円）　⑤品質保証（年収：約170万円）　⑥法律事務（年収：約160万円）</td></tr>
<tr><td>上位中間層以上の傾向</td><td>・今後は人口ボーナスの追い風を受け、さまざまな職種やコミュニティーマネジャー（ソーシャルメディア管理）のような新職種が上位中間層以上に台頭
⇒消費多様化、デジタル化</td></tr>
</table>

インドネシアの世代別総人口推移（男女：千人）

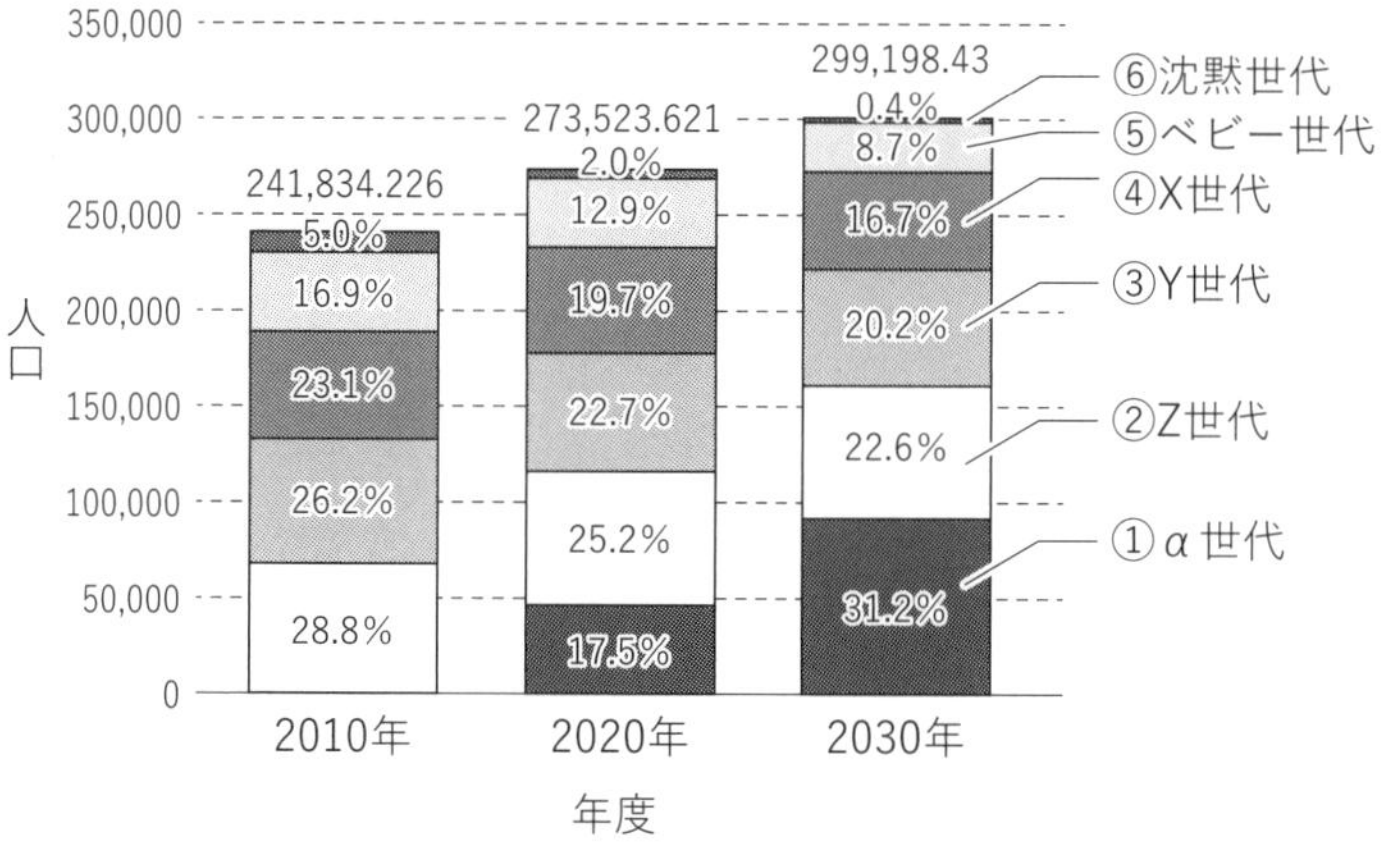

ト教徒は9・8％、ヒンズー教徒は1・6％という多宗教の国となっています。その理由は法律にあります。インドネシアでは公的に認められた6つの宗教（イスラム教、キリスト教〈カトリック、プロテスタント〉、ヒンズー教、仏教、儒教）いずれかへの信仰が必要とされているのです。

インドネシアでは、総人口の約6割が全国土面積の約7％に過ぎないジャワ島に集中していて、首都ジャカルタには12・7％もの人が集まっており、東南アジア最大の大都市圏（メガシティ）といわれています。しかし、近年の急激な経済発展に伴って温室効果ガスおよび大気汚染物質の排出が増加しているものの、ほかの先進国に比べて排出削減対策では大きく後れを取っています。

ベトナム

人口1億人は目前
日本との関係は良好な仏教国

ベトナムは、ASEAN域内でインドネシア、フィリピンに次ぐ3位の総人口約9946万人の国で近い将来1億人を超えることが確実となっています。貧困層が全体の48・7%を占めているのに対し、富裕層がわずか2・1%ほどしか存在していません。上位中間層は22・7%、下位中間層は26・5%となっており、富裕層と貧困層の所得には大きな格差があります。ホーチミンやハノイといった都市部と地方（農村）部では深刻な地域格差が生じており、平均年収、教育の面でも格差が拡大し続けています。職を求めて都市部に移動する人が増加しており、国内移住の多さはベトナムの大きな特徴です。

宗教で最も多い信者数を擁する仏教は、日本と同じく大乗仏教で、対日関係は極めて良好です。

ベトナムの所得・特徴

<table>
<tr><td>% FY20</td><td>（富裕層+上位中間層　割合）24.8%</td></tr>
<tr><td>国の特徴</td><td>○ASEAN第3位の人口
○日本と同じ大乗仏教が主流の親日国
○対日関係は極めて良好</td></tr>
<tr><td>経済の特徴</td><td>・税制優遇と安価で優秀な人材が強み
・中長期的には外資主導の成長モデルの転換が課題</td></tr>
<tr><td>経済リスク</td><td>▲公的債務の積み上がりが懸念（インフラ投資の足枷）
▲自然災害（風水害）のリスク</td></tr>
<tr><td>所得層</td><td>
2015年
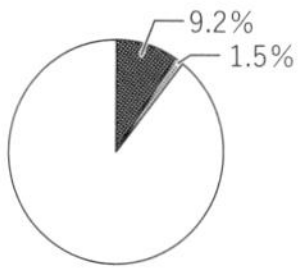

2.4倍
2020年
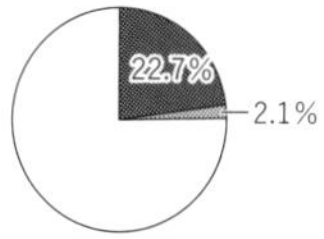

（U：万世帯／全世帯%）
<table>
<tr><td>富裕層</td><td>37</td><td>1.5%</td></tr>
<tr><td>上位中間層</td><td>226</td><td>9.2%</td></tr>
<tr><td>合計</td><td>263</td><td>10.7%</td></tr>
</table>
（U：万世帯／全世帯%）
<table>
<tr><td>富裕層</td><td>55</td><td>2.1%</td></tr>
<tr><td>上位中間層</td><td>586</td><td>22.7%</td></tr>
<tr><td>合計</td><td>641</td><td>24.8%</td></tr>
</table>
所得格差拡大中
・所得格差により都市部への地域間人口移動が起こっている
</td></tr>
<tr><td>上位中間層～富裕層の高収入職業ランキング</td><td>【富裕層～超富裕層】
①経営者、起業家、投資家　②政府高官、軍関係者　③大企業の幹部・役員
【上位中間層～富裕層】
①パイロット（年収：約560万円）　②情報技術プログラマー（年収：約240万円）　③人事（年収：約300万円）　④客室乗務員（年収：160万円）　⑤航空管制官（年収：約128万円）　⑥IT企業職員（年収：約144万円）</td></tr>
<tr><td>上位中間層以上の傾向</td><td>・他アジアと比べ、ITエンジニア系や航空関連が上位中間層以上に多い
⇒ベトナム人は子どものためなら出費を惜しまない文化のため、高学歴職種が多い</td></tr>
</table>

ベトナムの世代別総人口推移（男女：千人）

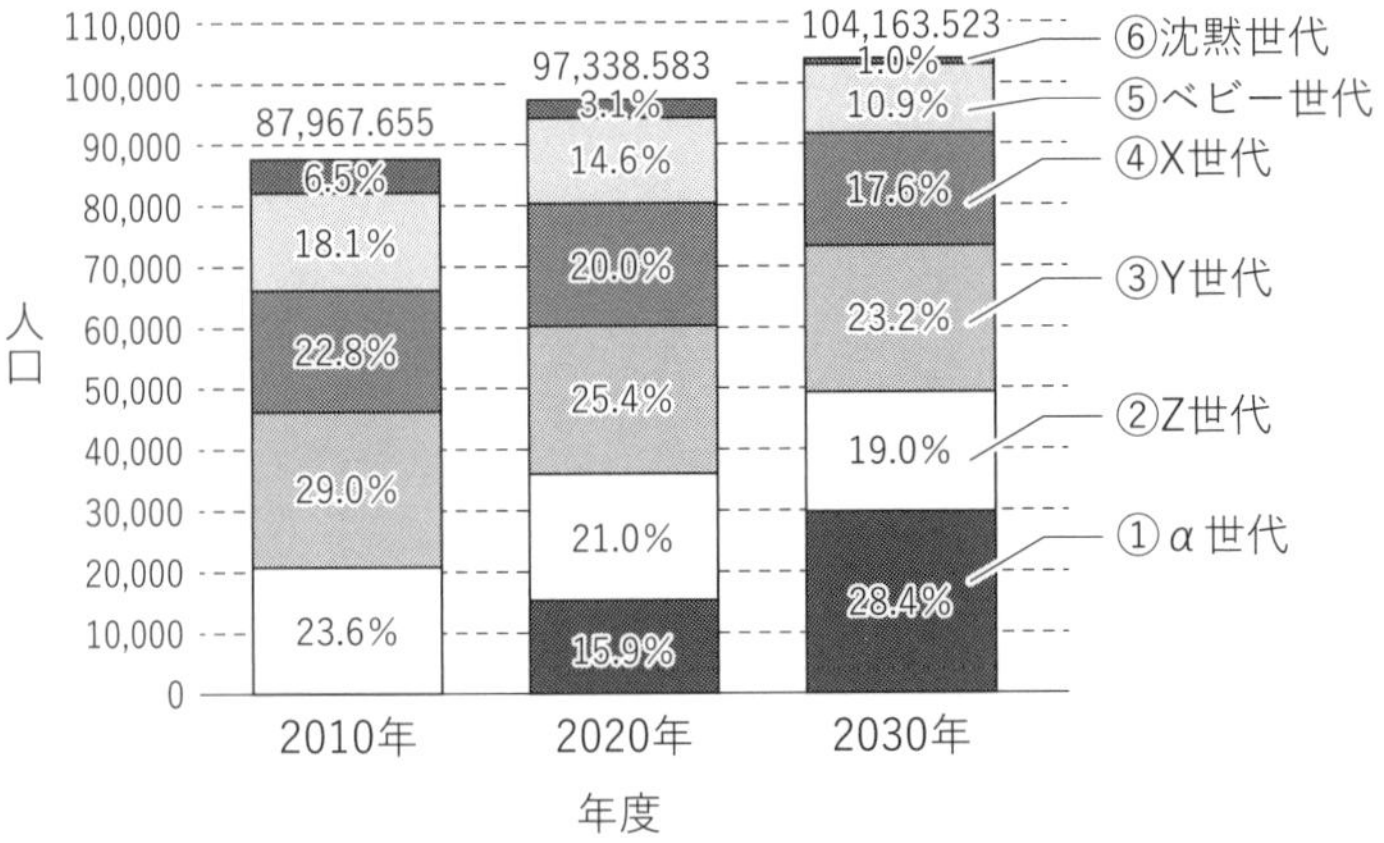

ASEANで事業を拡大しているのはどんな企業か

ASEAN全体で見ると、富裕層と認められる人口はまだまだ少なく、わずか1～2％ほどにしか達していません。このわずかなトップ層のみをターゲットとしているのが欧米企業のマーケティング戦略です。その点ではASEANマーケティングにおいて実質的な影響をほとんど考えずに済む存在となっています。

しかし、そもそも東南アジア諸国を新たな

ビジネスフロンティアと見込み、同地域の市場を最初に開拓したのも欧米企業だったのです。本来欧米諸国が100年以上にわたり、同地域を植民地などとして自国の影響下におき続けてきたことが大きな理由となっていました。ところがビジネスとしての市場開拓は長く続かず、1960年代から進出してきた日本企業などに主役を譲ると、確かなブランド力を頼りに根強いファンを獲得する戦略に転換したのです。こういった欧米企業の富裕層用マーケティングという手法は、日本企業とは根本から異なるマーケティング戦略です。

新技術の製品展開やデザイン力の面でも、欧米企業は抜きん出た存在です。環境への配慮といった今後世界的に付加価値として見られる可能性のある部分にも早くから着手していました。それまでは価格や品質、ブランドといったさまざまな要素によって売れ行きが決まっていたものを、これからは〝環境を配慮しているかどうか〟が購入の基準になる、という可能性をいち早く見いだしていたのです。このような時代を先取りする感度や実行力は、欧米企業の大きな強みです。

欧米・日本・中国・韓国・ローカルの棲み分けが進む

一方で、低所得者層を狙いとし、2020年代に入り急速に事業を拡大しているのが中国企業です。ブランド力や品質・性能を重視する欧米企業や日本企業が下地としてつくり上げた市場で、「大量生産」「安価」という力技で勝負しているのが中国企業の大きな特徴です。貧困層や若年層の割合が多くを占めるASEAN市場のなかで、単純な価格競争では中国勢が優位に立てていることは間違いありません。勝因はこれだけではありません。中国企業がもつ確固たる強みは意思決定のスピード感です。大量生産ができるということは、投資判断が速いということと相関関係にあるため、これほどまでの期間でさまざまな商品の大量生産を実現し、他国企業を凌駕しているのです。

若年層や貧困層マーケットを独走し、確実にシェアを伸ばす中国企業に続いて台頭してきたのが韓国企業です。特にASEANでは、30歳未満の若年層の割合が非常に高く、ほとんどの国で人口の半数を占めています。富裕層と比較してまだ所得の低い若年層はコストパフォーマンス（＝価格）に強いこだわりを抱いています。さらに若者はほかの世代と比べても消費意欲が旺盛で、特に家電製品や自動車、衣料品などの耐久財に加えて、外食産業や教育関連サービスを扱う企業がターゲットとしやすい市場なのです。

20年ほど前まで、ＡＳＥＡＮ市場では、欧米企業と日本企業が中心となって、富裕層に向けたマーケティングを展開してきました。ところが近年こうした貧困層ならびに若年層をターゲットとした中国企業と韓国企業が参入してきました。

ＡＳＥＡＮ市場で海外企業や自国の大手企業ではなく、確実に5％のシェアを獲得しているのがローカル企業です。これは各地域に根付く中小規模の企業で、一般には同族経営の場合が多いです。例えば街にある代々続く電気屋などの「パパママ・ショップ」と呼ばれる個人商店もこのローカル企業に当てはまります。ローカル企業は地域住民や各種業者とのつながりが強く、確かな信頼を獲得しているので、常に一定数のシェアを維持しているのです。

ただし率直にいえば、アジアのほとんどのローカル企業は技術力を武器にしておらず、その最大の特徴は安さです。中国や日本の製品・サービスを模倣し、とにかく安価で消費者に提供します。地元に根付き、堅い販路を保有しているはずのローカル企業のシェアは伸び悩んでいるのです。理由の一つとして考えられるのは、ターゲット層が不適応ということです。安くてすぐに手に入るローカルメーカーの製品は貧困層を狙いとしていますが、ローカルの強みは確かな販路を確保・構築できる点にありますから、この特質をうまく活用できていません。大局的に見れば、こうしたローカルから派生した企業が、ブランド力や信頼性を手に入れて域内市場での存在感を増していく方向になっていくのです。

各国の事情に合わせた販路の確保が重要

私はローカル企業と提携できるか否かが海外企業の成功の鍵となるのだと考えています。ローカル企業は強力な販路を確保している場合が多いからです。ASEAN市場で強力な販路を確保して最初に成功したのが日本企業です。

中間層以上を主なターゲットとしてきた日本企業は、価格設定や販路確保においても中間層を中心に設定し、高品質で付加価値のある商品・サービスの提供に努めてきました。

そしてその製品を、進出先の国にあるローカル企業の力を借りて事業拡大させていったのです。

フィリピンを除いたすべてのASEAN諸国でルームエアコンのトップシェアを誇る大手空調専業企業ダイキン工業がその一つです。ダイキン工業は進出先国のエアコンの設備業者を各地で開拓し二人三脚で協業してきました。つまり互いの顧客に互いのサービス・製品を推奨することで独自の販路を構築し、着実にシェアを伸ばしてきたのです。

一方で多くの日本の総合家電メーカーがカタログ販売のようになっているのも現状です。家電量販店はこのカタログ販売の最たる典型であり、店頭に各社の商品をずらりと並べ、顧客はこれを比較して購入する、という形式は、ページをめくって商品を選ぶカタログショッピングと変わりません。もちろんこうした通信販売的手法は現代のネット社会において必要不可欠です。しかしASEAN新興国で生き残るためには、地域に根付いた独自の販路を確保することが非常に重要です。こうした地道な道のりを歩んだことで、いまやダイキン工業は「空調のベンツ」とまでうたわれるブランドイメージが世界に浸透したのです。

現在成長期にあるASEAN諸国は目覚ましい経済発展を遂げています。これに伴い、中間層と富裕層の比率が増えるであろう将来像も分かります。変わり行くＡＳＥＡＮ市場展開での成功への第一歩は、現地の状況を正確に見極めることができるかどうかにかかっているのです。

共通する勝利方程式＝販路見極めとリソースの集中

現在のマーケットでの業績や勢いから改めて確認できる点があります。ＡＳＥＡＮ市場で成功の鍵となるのは、販路の見極めとブランド力・信頼性の獲得だと私は考えます。

販路の見極めについては取り扱う商品・業界・地域によってまったく異なるため、自社の商材に応じて適切な販路を確保する必要があります。しかしＡＳＥＡＮ各国の販路状況については正確につかみきれていないのが現状です。

例えば、代理店をどう開拓していくのか、どこに工場や研究施設を造り、どう搬入するのか、現地のディーラーとどう付き合っていくのか、など分析が行き届いていないことが大いにあるのです。

とはいえASEANマーケティングに当たって、勝ちたい国で生産拠点をもつということは鉄則だと思います。現在ASEAN市場で高いシェアを誇る企業は、各国に生産拠点を置き、その国でトップシェアを維持しています。ただし、これは家電業界では共通したマーケティング法として機能しているとはいっても、どのような事業でもすべて成功するとは断言できません。

特に工場を設立するとなると莫大な投資を要するため製品やサービスに応じて見極める必要があります。例えば白物家電でいえば冷蔵庫やエアコンといった大きな家電は物流費を考慮すると、地産地消、つまり売りたい国に工場をもち、生産・販売するのが得策です。一方で炊飯器や電子レンジなどの小さな製品を扱う場合は独自に工場を設ける必要はなく、むしろ地元に根付いた代理店を協業のパートナーとして開拓したり、より多くの営業所を設けたりすることにリソースを割くべきです。

このように自社で扱う製品・サービス、販売国によって確実な販路を確保し、どこにリソースを集中させるのかを適切に見極めることは、ASEAN市場で成功する企業に必ず共通している要素だといえます。

ブランド力の構築に苦戦する日本企業

しかし、これだけではASEAN市場では十分に戦うことはできません。大前提としてブランド力と信頼性が浸透していなければいけないのです。これもまた、現在ASEANでトップを維持するどの企業にも共通の要素です。

1970年代に日本が東南アジアに進出し始めた頃は「日本」という国自体が大きなブランドとして圧倒的な信頼を得ていました。確かな技術力と品質・性能の良さは、「MADE IN JAPAN」として、どの日本企業であっても他国企業を凌駕する勢いでシェアを伸ばしていきました。

しかし近い将来最も大きな可能性に溢れたフロンティアになるとして今、世界中から注目を集めるASEAN市場には各国の名だたる企業が進出しています。自国で大成功を収めた世界の大企業はＡＳＥＡＮ進出に当たり、広告・宣伝費に莫大な投資をして統一的なブランドをアピールしながら展開していきました。ＣＭだけでなく、空港や駅の電照看板、路線バスのラッピングなどを活用して自社の名前をアピールし、確実に知名度を上げていったのです。

現在でも日本製の品質・性能の良さに対しての信頼が完全に失われたわけではありません。しかし、これに加えてブランド力、高い知名度・認知度が売上を左右する時代になったのです。

さらに、このブランド力というのは消費者に対して有効となるだけではありません。人材獲得の面でも非常に効果的に作用するのです。人材の獲得競争が激しい今、各国の優秀な現地人材はブランド価値の高い企業に惹かれることはいうまでもありません。そうなれば、企業自体の力も底上げされ、結果的によりブランド力を向上することができるのです。

実際、欧州・ドイツに進出した某大手日本企業はいまだにブランド力の獲得に苦戦しており、現地では〝三流の就職先〟として皮肉られています。そういった企業に入社した人材は仕事へのモチベーションも保てず、高いパフォーマンスを発揮できることもなく、結果的に悪循環へと陥ってしまいます。

現在ＡＳＥＡＮで高いシェアを誇る大手日本企業を見てみても、信頼性だけでなくブランド力の構築に注力していることは明白です。かつてのように日本製という理由だけでは通用しなくなった今、日本企業がいかにしてブランド力を強化していくのかは最も重要な課題なのです。

各企業のＡＳＥＡＮ市場における独自マーケティング

ＡＳＥＡＮ市場における日本企業については、特筆すべき大きな共通点があります。それはどの企業も所得ピラミッド層の真ん中より上、つまり中間層以上をターゲットとしている点です。ほとんどの日本企業は東南アジア諸国に対し、プレミアム戦略として高品質・高価格の製品、サービスの提供を戦略的に展開しています。従って、専門性の高い分野に注力し、各業界に精通した専門業者・企業と深いつながりを築くことでＢtoＢの取引形態が主となっています。

すでに顕在化し、さらに大きな潜在的マーケットでもあるＡＳＥＡＮにおける空調部門については、現在この地域に進出する、ダイキン工業、東芝、三菱、パナソニックといった大手日本企業も中間層を核に拡大しています。地産地消型や販路拡大型など、それぞれのマーケティングパターンに違いはあるものの、ターゲット層に大きな違いはありません。

しかし、著しい経済成長により絶対数が減少傾向にあるとはいえ、いまだＡＳＥＡＮ加盟国のほとんどでは貧困層が多くの割合を占めています。中間層以上を対象とする日本企業は、貧困層に向けた積極的なマーケティングを展開してこなかったため、いまや下層市場においては他国企業にシェアを奪われている状況にあるのです。

さらに、急激に経済成長を遂げるＡＳＥＡＮは所得層の割合もたびたび変化していきますが、この変動に合わせて戦略を変えたり、生産方式を簡単に変更したりできないという弱みがあるのが日本企業です。機能、素材、スペックを落とすかもしれないという危険性に慎重になりすぎるために、市場の変化に対応しきれないところが弱点となっています。

この隙に入り込み、急激にシェアを伸ばしたのが中国企業です。中国企業は日本企業とはまったく異なるマーケティング戦略でＡＳＥＡＮ市場に君臨しています。

中国企業は下位層の消費者をターゲットに、安価な製品の大量生産を得意としています。一方で日本企業や欧米企業はこうした戦略が不得意であるため、下層市場においては中国企業の独占状態になっているのです。

例えば、数十年前までは弱小企業であった大手中国企業のハイアールは、地道に低級商材を薄利で販売し、コツコツと下位層からの支持を集めていきました。これによって、いまや現地における総合的なブランド力や信頼性を獲得し、タイではかつての3倍以上も売上を伸ばしました。一見、急激にシェアを伸ばしたかのようにも見える中国企業ですが、同社のように、たとえ安価な低級商材であっても長い時間をかけて地道に信頼を積み上げ、現地でのネームバリューを確実に獲得していったのです。

また、ASEAN諸国における中国企業の特徴として、「一国一強」という立場であることが挙げられます。つまり、各国に一つ、確実に首位を維持する絶対的な企業が存在するということです。

例えば、タイではハイアール、ベトナムではキャスパー、マレーシアでは美的、というように、それぞれの地域によって力をもつ企業が異なるのです。ただし、各企業はどの国へも進出しているため、国の特性によってシェアを伸ばせる企業とそうでない企業の差が大きく開いているということになります。一強といわれる企業以外の中国企業は、それぞれの国で1％ほどのシェアしか獲得できていません。

さらに、上位層、中間層、下位層にまんべんなくアプローチしているのも中国企業がもつ特徴です。例えば中国の大手電機メーカーである美的グループは、自社にいくつものブランドをもち、国やターゲット層によって使い分けるという戦略を取っています。もちろんこれによるデメリットもあるため、各市場で確実にシェアを伸ばすことはできずとも、日本企業や欧米企業が苦手とする領域に中国企業のみが対応することができるのです。

中国企業と同様に中期的なマーケティング戦略を取り、流行や消費者動向によってすばやく判断し、シフトチェンジすることを得意とするのが韓国企業です。

韓国企業のマーケティングは技術的な部分の向上に努めるというよりは、現製品・サービスに対し改善の余地がある箇所を攻めていくという特徴があります。例えば、いまや世界の黒物家電市場で高いシェアを誇るＬＧ電子やサムスン電子を見ると、２００５年以降、テレビの縁を細くしたり、スマートフォンの厚みを極限まで薄くしたりといった細かい改良に力を入れていることが分かります。こうした研究に大量の資金を投じ、独自の製造技術を確立したこれらのメーカーはいち早く大規模な量産に乗り出しました。いまや有機ELパネルについては、韓国メーカーの独占市場になっています。

そして何より、現在どの韓国企業においても深いつながりがあるのが、「韓流マーケティング」です。韓国は官民一体となって、音楽、アイドル、ドラマ・映画、化粧品、グルメなどの韓流文化を押し出した戦略で、アジアマーケットへの浸透を果たしてきました。韓国企業はこの世界的な韓流ブームを足掛かりとして、東南アジアで大きな存在感を示しつつあるのです。

そして欧米企業は、そもそも「市場の開拓者」であることが最大のポイントです。1960年代以降、テレビやスマートフォン、自動車等、あらゆる製品・サービスを開発・発明し、市場をつくり上げてきました。もとより、ASEAN市場においてほとんどの欧米企業は高いブランド力があり、富裕層をターゲットとしたマーケティング戦略を取っています。

ECの現状と将来性

日本ではすでにインターネットで商品を購入する習慣は定着しています。日本のEC市場は、国別市場シェアは全世界の3％程度であるものの、市場規模では第4位と世界的に見ても大きいのです。ちなみに、中国のみで市場の50％以上を占めており、アメリカを加えると上位2カ国で世界の71・1％のシェアとなっています。

日本では、鮮度状態を確認しづらい野菜、肉、魚といった生鮮食品ですらネット通販が一般化しており、すでにEC先進国の一つといっても過言ではありません。

では、ASEAN主要5カ国のEC市場の現状は、どうでしょうか。物流などにいまだ多くの課題が残るASEANでは、まだまだ発展途上だと想像してしまいがちです。ところが、実は我々が思っている以上にASEANのEC市場は活況を呈しているのです。

近年、ASEAN主要国ではスマートフォン普及率が90％を超えており、いまや各国のEC市場は最も急激に成長している市場です。人口の多くをZ世代が占めていることも要因の一つであり、オンラインショッピングに慣れ親しんだZ世代の消費動向はマーケティング戦略を立てるうえで無視することはできません。

実際、ASEAN各国のEC市場規模はここ数年で大きく拡大しています。ベトナムでは2018年から2021年で約7倍、タイでは約6倍、インドネシアでは約3・5倍、マレーシアでは約3倍、さらにフィリピンに至っては約26倍と、この3年間で目覚ましい成長を遂げているのです。

さらにEC市場を詳しく見てみるといずれの国でも共通する点がありました。それは2018年時点では利用割合として最も多い分野が「電子メディア」であったものが、2021年になって「エレクトロニクス（＝家電）」が1位となっているという点です。2位以下の利用割合については「ファッション」や「日用品」が挙げられますが、これらは2018年時点においても2～3位に位置しており、以前からすでにECで利用されていました。

ところが2021年になり、突如としてエレクトロニクスが首位に躍り出たのです。これには新型コロナウイルス感染症が大きく影響していると考えられます。2019年冬から驚異的な威力で感染を拡大させた新型コロナウイルスによって、世界中で行動制限がかかりました。巣ごもり需要が高まったことでもともと潜在的なニーズがあった「家電」を

ECで購入する動きが一気に拡大したと見られます。

このような流れから、将来的にEC市場が一つの大きなチャネルとなることは明確であり、この市場をどのように他社・他国勢と差別化して進めていくのかが、今後の日本企業に求められる要素なのです。

ASEANで人気のECサービス

90ページの表を見るとインドを除いた東南アジアの国で重要なマーケットシェアを抱えているのは「Shopee」と「Lazada」というECサイトであることが分かります。両方とも楽天市場のようにマーケットプレイス型で、セラーとして各販売業者が出店するシステムのサイトであり、すでにWebサイトへのアクセス数、スマホアプリのアクティブユーザー数ともに各国でトップクラスです。これらは日本人にとっての「楽天」や「Amazon」と同じような存在であり、いまや社会に欠かせないほど人々の生活に溶け込んでいます。

東南アジアのECサイトマーケットシェア

国	年度	1位	2位	3位
インド	2018年	Amazon.in	Flipkart.com	Snapdeal.com
	2021年	Amazon.in	Flipkart.com	Myntra.com
ベトナム	2018年	Lazada.vn	Shopee.vn	Tiki.vn
	2021年	Shopee.vn	Lazada.vn	Tiki.vn
タイ	2018年	Lazada.co.th	Shopee.co.th	JD.co.th
	2021年	Shopee.co.th	Lazada.co.th	Kaidee.com
インドネシア	2018年	Tokopedia.com	Bukalapak.com	Shopee.co.id
	2021年	Tokopedia.com	Shopee.co.id	Lazada.co.id
フィリピン	2018年	Lazada.co.ph	Shopee.ph	Carousell.ph
	2021年	Shopee.ph	Lazada.co.ph	Zalora.com.ph
マレーシア	2018年	Lazada.com.my	Shopee.my	Lelong.my
	2021年	Shopee.my	Lazada.com.my	Pgmall.my
シンガポール	2018年	Lazada.sg	Shopee.sg	Qoo10.sg
	2021年	Shopee.sg	Lazada.sg	Amazon.sg
台湾	2018年	tw.yahoo.com	Momoshop.com.tw	Pchome.com.tw
	2021年	Shopee.tw	Momoshop.com.tw	Ruten.com.tw

■Lazadaの概要

Lazada（ラザダ）は、2012年にスタートした〝東南アジアのAmazon〟と称される老舗の巨大ECプラットフォームです。インドネシア、マレーシア、フィリピン、シンガポール、タイ、ベトナムの6カ国で積極的に事業を拡大しており、現在では年間1億人以上のアクティブユーザーがサービスを利用しています。

シンガポールに拠点を置いていますが、創業はドイツ、ベルリン企業のロケット・インターネット社です。

同社は他国で流行したビジネスモデルを模倣して展開しており、アメリカと中国以外で世界一を目指しているという企業規模でのコピーを強みとしたテック企業です。

ところが2016年に中国を代表するテクノロジー企業であるアリババグループの傘下に入り、現在ではこのアリババグループが経営権を獲得しています。そのため最近のLazada上には中国製品が数多く流通しており、価格競争が激化しています。また、売買トラブルも多発しているためShopeeのような後続のECサイトにシェアを奪われており伸び悩みを見せています。とはいえ、フラッシュセールや生誕祭などのイベント時には派手なセールキャンペーンが人気を博しており、今でも大きな存在感を放っています。

日本ではFBL（Fulfillment by Lazada）という、日本国内のLazadaの倉庫に納品しておけば、注文が入った際に海外配送を代行する仕組みがあったり、関税の計算やインボイス作成を省略できるようにしたりと、サービス改善で巻き返しを図っています。

■Shopeeの概要

Shopee（ショッピー）は、シンガポールのゲームデベロッパーから始まりましたが、

2015年にEC業界に進出し、今ではシンガポールに加え台湾と、マレーシア、インドネシア、タイでも展開しています。また登録ユーザー数は約6億人を超えており、現在ではLazadaを抜いてASEANのほとんどの国でシェア1位となっています。

Shopeeは日本でいうメルカリのようなCtoCマーケットが中心で人気を博しましたが、現在ではBtoCの出店も可能となっています。またLazadaで取引中に多くのトラブルが発生していたことを教訓として、Shopeeは保証機能を強化したサービスを提供し、後発ながらも急激なシェア獲得に成功したのです。

出品手数料、月額利用料、販売手数料が非常に安く抑えられており、商品がASEANで需要があるかテストマーケティングとしても活用しやすいというポイントがあるため、日本企業がASEANにて越境ECプラットフォームを選定する際に第一候補として名前が挙がりやすいのもShopeeです。

ただし、出店には販売国の制限があり、日本企業がShopeeを利用して販売できる対象国・地域は、シンガポール、台湾、マレーシア、インドネシア、タイと定められています。とはいえ、すでに現地法人を構えている企業は現地店舗として出店可能であり、また複数国に同時展開することも可能です。現在Shopeeは日本でも展開を始め、積極的に日本ユーザーの獲得を目指しており、サポート体制も充実しています。

このようにＡＳＥＡＮ諸国でのＥＣ市場においては、自社が展開する国や商品によってそれぞれのＥＣサイトの特性と現状を把握し、適性を見極めておくことが重要となってくるのです。

第3章

市場規模の把握、競合他社の調査、製品開発・販路確保……

アジア新興国で事業展開するために日本企業がすべきこと

マーケティング展開に必要な基本的要素

現在、日本企業が苦戦を強いられているASEAN市場においてマーケティング展開をするに当たり、まず必須要素となるのが、①進出先の市場規模の把握、②市場のコンペティター・競合他社の調査、③販路の確保です。

これらの大きな3つの柱を軸として下準備を進めていく必要があります。なお、①→②→③の順序で進行するのが最も典型的ではありますが、企業規模の大小や、まったくの未開拓地に展開するなど、場合によって異なります。

例えば近年よく見られるのが、日本で大ヒットした製品や飲食店が勢いに任せてアジアを中心に海外進出したが軌道に乗らず、ほどなくして事業縮小や撤退を余儀なくされるというパターンです。ある製品で一発屋的な売上を得た中小企業であるケースが多く、蓋を開けてみると進出先のマーケット状況をしっかりと調査できないまま海外進出に踏み切ってしまっていたことがよくあるのです。これではせっかく画期的な製品を生み出しても台無しです。こうした中小規模の企業の場合、3つの柱をより細かく、具体的に調査したうえで海外展開に乗り出さなければいけません。

一方で大手企業はというと、すでに進出先に販売会社をもっていたり、代理店を通じて販売を行ったりしている場合がほとんどであるため、ベンチマーク、つまり市場の競合他社の状況を常に把握しておくことが必要です。従って、準備段階として②市場のコンペティター・競合他社の調査を最初に行い、その過程を通じて市場規模・市場概況のトレンドを見直す、という流れが近年の主流でした。

しかし現在、ＡＳＥＡＮ市場における日本企業は計画どおりの結果に結びつかないことが多く、苦戦を強いられています。この苦境を脱するためには、企業の大小にかかわらず、今一度初心に立ち返って、①進出先の市場規模の把握→②市場のコンペティターの調査→③販路の確保という順序に沿って慎重に準備を行うべきだと私は考えています。

数値だけでは測ることのできない市場規模

いまや総人口6億7333万人を擁し、目覚ましい経済成長を遂げるASEANは、世界全体で見ても特に変化の激しいマーケットです。この変化に対応できるのか、正しく市場を読み取ることができるのか、これはASEAN進出において成否を左右する重要なポイントとなります。

市場規模を分析する際にはまず、進出先国の人口動態を把握する必要があります。これは国や行政の統計データが活用できます。日本では、国勢調査が5年ごとに行われており、人口動態だけでなく就業構造や消費傾向、少子高齢化の将来予想などを分析する際の参考にできます。

内閣府によると、ほかの条件が一定であれば、人口が多いほど一国全体としての経済規模が拡大し、同一製品の生産規模拡大等による生産性の向上が期待できるといいます。つまり、人口が増加している場合は、労働力が増えて分業や競争が起きることで国全体の生産力が向上するということです。

一方で人口が減少に転じると、一国経済の規模も縮小し、このような規模の経済による経済効果が失われる可能性があるといいます（内閣府ＨＰ）。加えて、人口減少が加速すれば高齢化が進みます。すると、貯蓄を行う年齢層に比べて貯蓄を取り崩す年齢層が増加することになり、国全体としての貯蓄率が低下する恐れもあります。

そして性別・年代別・職業別に比較する「人口構成」も市場分析における重大な要素となります。なかでも注目すべきは、年齢別の人口構成（15歳未満、15～64歳、65歳以上）です。このうち15～64歳は、労働に従事できる年齢別人口を意味した「生産年齢人口」と定義され、この生産年齢人口の増加はさまざまな形での経済発展への貢献が期待できます。15歳未満の年齢層は「年少人口」、65歳以上の層は「高齢人口」といい、高齢化率が７％を超えると「高齢化社会」に位置付けられます。

これらの人口推移を基に、数年後はどの年代層が増えるのか、それに合わせてどのようにマーケティングを展開するのか、戦略を立てることができます。

この70年間で4倍以上に人口が増加した東南アジアですが、いまや日本だけでなく、中国、韓国、台湾などの北東アジアでは、共通して少子高齢化の現象が見られています。

人口総数を見てもその状況は明らかで、先頭を切った日本は２０１０年から減少していますが、韓国と台湾も２０２０年から減少に転じました。

またかつて世界第1位の人口を誇った中国さえも、いまや「人口減少時代」に突入したのです。２０２０年には出生数が前年度比2割減となり、合計特殊出生率（女性が生涯に出産する子どもの数に相当）は１・３であったことが明らかになっています。この数字は、深刻な少子高齢化が嘆かれる日本とほぼ同水準であり、今後も加速すると予想されていきます。

韓国の場合は、２０２０年の合計特殊出生率は０・84と最低水準を記録し、台湾においても２０１９年が１・09と低水準にあります。加えて高齢化率は、日本が28・８％（２０２２年10月1日時点）と突出して高いものの、韓国が16・８％（２０２１年）で5年間で３・5ポイントの増加、台湾では17・５％（２０２２年）を記録し、２０２５年には20％、２０７０年には43・７％に達する見込みです。

このように、北東アジアがまもなく人口減少地域に変化していくのに対し、ＡＳＥＡＮ全体の総人口は２０５０年まで増加し続けると予測されています。ＡＳＥＡＮの総人口は１９５０年の1億６５００万人から２０２０年には6億６７００万人にまで増加、そして

2050年には7億9000万人に達すると見込まれています。

人口増加率は1・0％（2020年）であり、1960年代の約3％から見ると減速してはいますが、北東アジアに比べればASEAN全体が人口減少に転じる時期は遅くなることは明白です。さらにASEANの平均年齢は非常に若く、各国中央値の平均は29・1歳と、日本の46歳を大きく下回っています。特にラオス（21歳）、フィリピン（23歳）が若く、加盟10カ国のうち15歳未満の人口構成が25％を超える国は7カ国も存在するのです。

しかし、一部の国では高齢化が進み始めています。最も顕著であるのがシンガポールで、平均中央値年齢38歳で合計特殊出生率は1・3、次いでタイが平均37歳で合計特殊出生率は1・4で、ASEAN域内で上位2カ国となっています。

若者層の割合が高いと新商品への反応が高まり、早いスパンで流行が移り変わるという傾向があります。反対に高齢者層が高い場合は、やや保守的で最新技術によって登場した商品やサービスの動向は控えめである傾向があります。

市場調査において、こうした消費者の購買動向をつかむことは重要です。トレンドや流行などでいえばSNSや検索エンジン、ニュースや新聞などのさまざまな媒体で調べることができます。しかし、マーケティングにおいて意外と重要になるのが、数値化できない国民の心の奥底に根付く意識やイメージです。

例えば過去の歴史において戦争をした対立国同士であれば、製品の技術や性能には満足していても、その国で生産されていること自体に不信感や嫌悪感を示す人もいます。このような事例で非常に興味深いケースがあります。

世界のほとんどの地域において、業務用空調エアコン市場でトップシェアを誇る大手メーカーであるダイキン工業が、ただ一つ、ベトナムにおいては競合日本他社にシェアを抜かれるといった事象が発生したことがありました。この原因を調べてみると、同社の強みである地産地消の形態が裏目に出ていたことが明らかになったのです。

同社はベトナム進出に当たり、ベトナムに工場を設立し、ベトナムで販売していました。しかし実は、ベトナム人は自国で作られた製品に嫌悪感を抱く傾向にあったというのです。一方で競合日本他社は、集中生産型でありマレーシアの工場で製造した商品をベトナムで販売していたために、偶然シェアを伸ばすことができました。この事実に同社のグローバル戦略本部は衝撃を受けたといいますが、競合他社にとっても戦略的な計画ではなかったために戸惑いを感じているようでした。

こうした潜在的な意識は数値化・可視化されることはほとんどなく、分析することは非常に困難です。そのため現地の人と直接コミュニケーションを取ったり、一般人のＳＮＳ等から有益な情報をつかみ取ったりすることで、全方位にアンテナを張り、さまざまな情報を敏感にとらえていくことが大切です。

ＡＳＥＡＮにおける将来的な市場規模予想

ベトナム

２０２１年時点でのベトナムの総人口は９７２７万人、日本と比べると一回りほど少な

いものの、一人あたりのGDPは3717米ドルと日本と大きな差はありません。そんなベトナムは人口増加を続けており、2010年では8797万人、2020年では9734万人と、1000万人増えました。さらに今後も緩やかに伸び続け、2030年では1億416万人に達すると予測されています。

とはいえ、ベトナムは2011年から高齢化が進行しており、2015年時点での高齢人口は6・7%、2025年には8・2%にまで増加すると予測されています。ただしベトナムでは満60歳以上を高齢者と定義しているため、正しくは総人口のうち約12%がすでに高齢者であり、近年の調査では2049年には24・88%まで増加すると考えられているのです。このことから、ベトナムは世界で最も急速に高齢化が進んでいる国だといえます。

ただし富裕層の比率は順調に拡大しており、国自体の経済成長には大いに期待できます。2010年時点では0・7%ほどしかいなかった富裕層が2020年には2・1%に増え、さらに10年後の2030年には16%にまで達する見通しです。これほどまでの目覚ましい成長は珍しく、近年事業をグローバル展開するベトナム人実業家が増加していることが一つの要因です。また中間層の拡大も顕著であり、特に下位中間層に至っては2030年には全体の3割ほどを占めるといわれ、富裕層と変わらない生活水準を実現しつつあるのです。

ベトナムの人口と世帯所得

U：万人

ベトナム	2010年	%	2020年	%	2030年	%
総人口	8,797	100.0%	9,734	100.0%	10,416	100.0%

世帯所得（2010 ～ 2030年）

U：万世帯

ベトナム	2010年	%	2020年	%	2030年	%
富裕層　(25,000$ ～)	16	0.7%	55	2.1%	438	16.0%
上位中間層 (10,000 ～ 24,999$)	34	1.5%	586	22.7%	500	18.2%
下位中間層 (5,000 ～ 9,999$)	411	17.8%	684	26.7%	800	29.2%
低所得層 (～ 4,999$)	1,854	80.1%	1,237	48.3%	1,003	36.6%
総計 (年間世帯所得：US$)	2,315	100.0%	2,562	100.0%	2,741	100.0%

●ベトナム平均世帯人数：3.8人

ベトナム所得別推移（2010 ～ 2030年）

U：万世帯

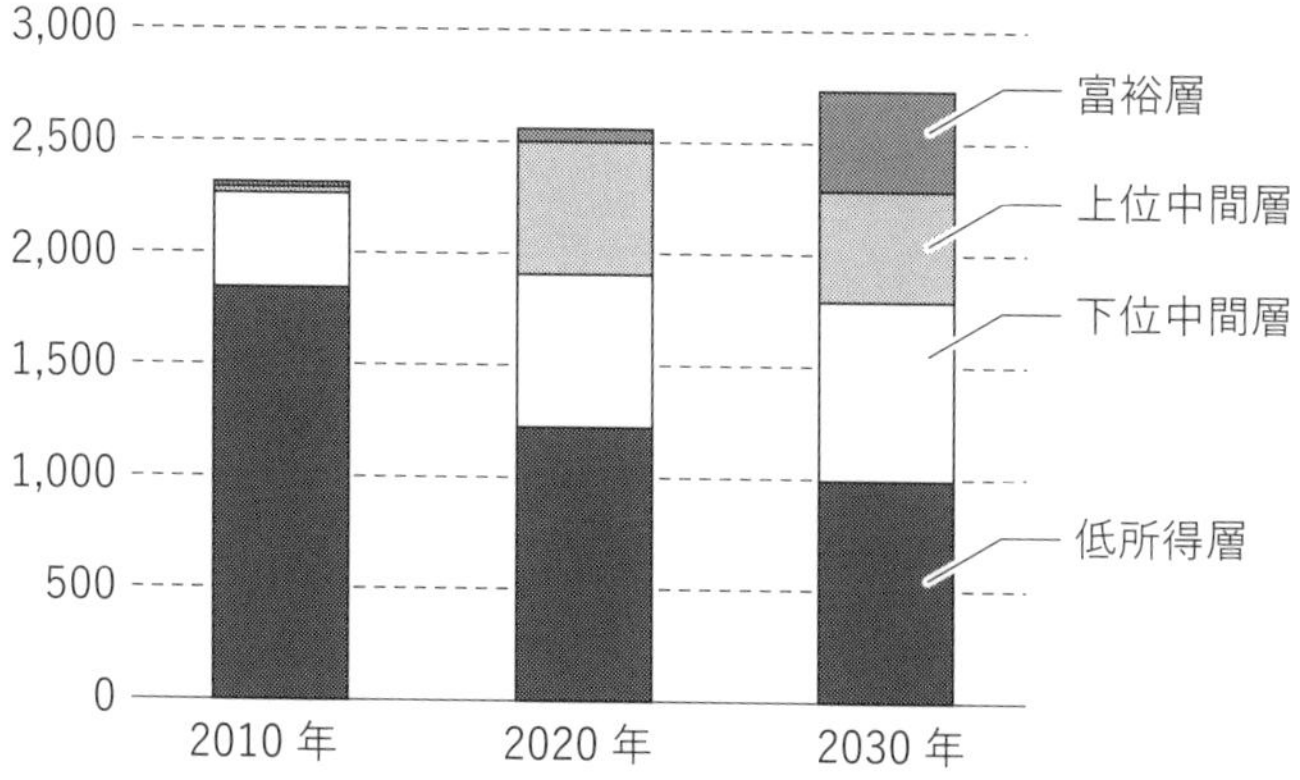

そしてベトナムは、現在深刻な問題となっている富裕層と貧困層の所得格差により、農村部から都市部に移住する人が増加しているため、都市化率が進んでいる国でもあります。約３年ごとのデータを見てみると、都市部の人口は、２０１５年時点で33・６％、２０１７年には35・２％、２０２０年には36・８％と少しずつ増加していることが分かります。いまだ約６割の国民は農村部に暮らしているとはいえ、ＡＳＥＡＮ全体で見ると快調に都市化が進んでいることは間違いありません。

一方でベトナム国内の政治の動きは複雑な様相を呈しています。２０１７年のアメリカ大統領選挙でトランプ大統領が勝利したことによる保護主義的政策は、アジア内でも対中依存度が相対的に高かったベトナムに、玉突き的に悪影響が及ぶリスクが非常に高いと懸念されてきました。トランプ大統領が退任した現在でも多くの課題が残っており、ベトナム政府だけでなく企業においても、貿易・投資自由化を経済発展に有効に活かすための準備が十分に整っているとはいえない状況にあります。今後、国際競争力を高めるためのベトナム政府の対応には特に注目が必要です。

これらのことを踏まえても、ベトナムのＧＤＰは毎年プラス成長を続けており、この20年で約９倍にもなりました。今後も大きく成長することが見込まれることに加えて、ＥＣ

市場規模の平均30%という安定的な成長、モダントレードの加速、親日国であり日本との貿易が盛んであることなど、ベトナムは日本にとって良い投資先としての特徴をもつことに変わりありません。

タイ

世界一の親日国といわれ、日本企業が製造業、小売、外食産業を中心に積極的に進出しているタイは、２０２０年時点での総人口は６９８０万人、２０１０年から３０００万人ほど人口が増加しています。現在は増加傾向にあるタイですが、タイ政府は２０２９年からは減少に転じていくという見通しを示しました。またタイもベトナムと同様に高齢化が進んでいる国であり、２０２１年時点では13・５%だった高齢人口が、２０２５年には15%を超え、２０３２年頃には超高齢社会に突入すると予測されています。タイでは、ほぼ全国民をカバーするようになった公的医療制度や、医療技術の普及等によって平均寿命は延

タイの人口と世帯所得

U：万人

タイ	2010年	%	2020年	%	2030年	%
総人口	6,642	100.0%	6,980	100.0%	7,035	100.0%

世帯所得（2010 ～ 2030年）

U：万世帯

タイ	2010年	%	2020年	%	2030年	%
富裕層 （25,000$ ～）	63	3.0%	237	11.1%	373	17.0%
上位中間層 （10,000 ～ 24,999$）	295	14.2%	790	36.9%	850	38.7%
下位中間層 （5,000 ～ 9,999$）	940	45.3%	684	31.4%	700	31.8%
低所得層 （ ～ 4,999$）	778	37.5%	470	21.6%	275	12.5%
総計 （年間世帯所得：US$）	2,076	100.0%	2,181	100.0%	2,198	100.0%

●タイ平均世帯人数：3.2人

タイ所得別推移（2010 ～ 2030年）

U：万世帯

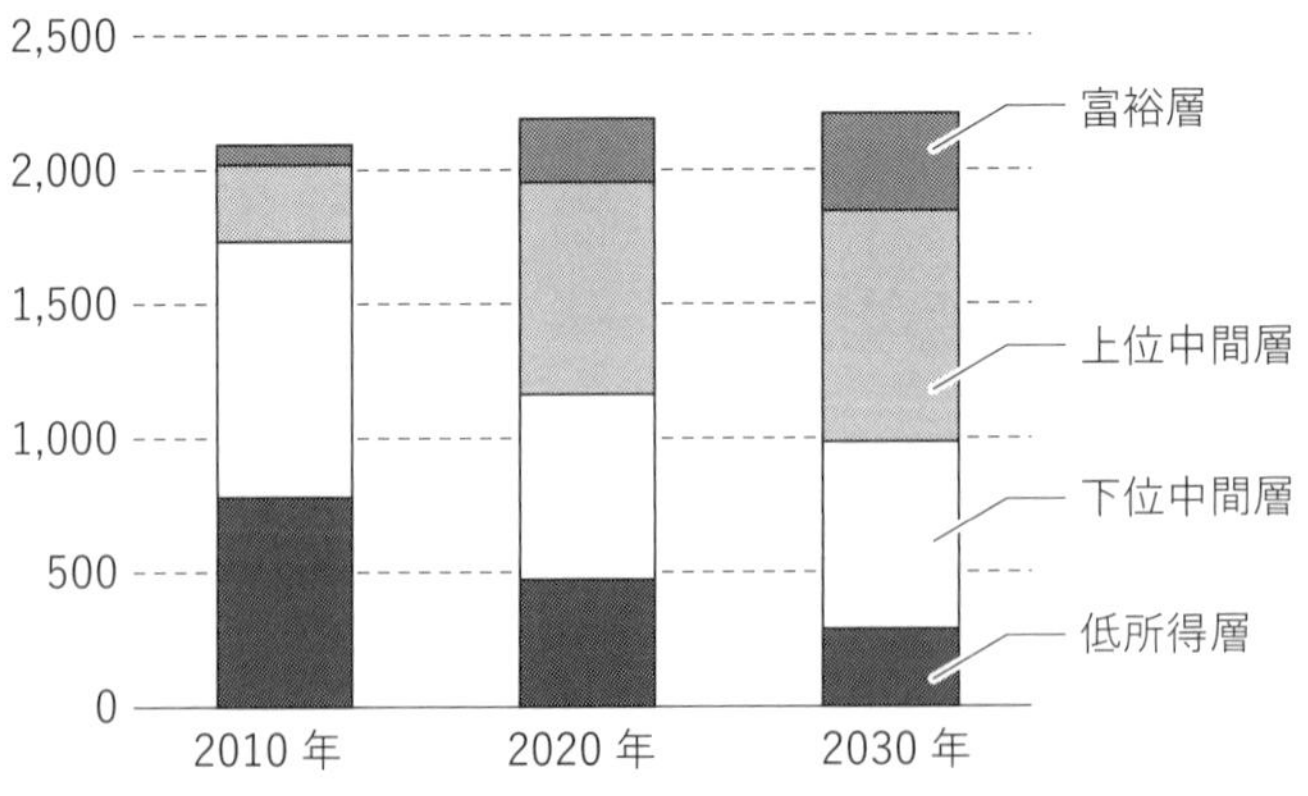

び続けていながらも、出生率は緩やかな減少傾向にあるため政府は急速な少子高齢化対策が求められています。

この少子高齢化によって招かれる問題に労働力不足があります。ASEAN域内屈指の工業国であるタイは、顕在化してきた少子高齢化による労働減少に対応すべく、製造業の自動化に動き出しました。「タイランド4・0」と呼ばれるこの長期ビジョンは、2036年までに一人あたりのGDPを1万3000米ドルまで上げることで高所得国の仲間入りを目標としているのですが、2032年に超高齢社会に突入すると予想されているため厳しい状況です。

そうはいっても、タイは著しく富裕層人口を拡大させており、2010年時点でわずか3・0%ほどしかいなかった富裕層は、2020年で11・1%まで増加し、さらに2030年には17%にまで達すると予測されています。また2015〜2020年の5年間で見てみると富裕層と上位中間層は1・6倍にまで膨れ上がっており、国全体の所得は向上傾向にあるのです。

また都市化への成長率も好調で、首都バンコクを中心に都市部の人口は増加傾向にあります。都市化率は2015年の49・6%からわずか5年で55・8%と、およそ6・2ポイントの増加が実現しています。

ところが2014年のクーデターで政権を追われたタクシン元首相派によるポピュリズム的政権には懸念が広がっています。この歴代政権によるポピュリズム、いわゆる大衆迎合政策による大盤振る舞いで財政悪化を招いたかと思われたものの、結局構造的な改革は実施されずに放置され、経済的社会的な格差は解消されないままとなっています。しかしタイでは、現政権でのポピュリズムの再来も危惧されており、当面は長期目標に向けた助走期間と考えられます。

インドネシア

一方で、高い出生率に支えられ人口を伸ばしているのがインドネシアです。2020年時点での総人口は2億7352万人と、10年間で約3000万人が増加したインドネシアの人口は2030年には2億9640万人に達すると予測されています。合計特殊出生率は2020年時点で約2・2です。30歳未満の若年層が総人口に占める割合は徐々に減少傾向にはありますが、それでも2020年時点でその割合は50％にまで達しています。これは、現在少子高齢化が進む日本では26％にも満たないため、驚異的な数字です。この人口ボーナスの追い風を受けて、今後はさまざまな職種やコミュニティーマネジャー（ソーシャルメディア管理）といった新職種が上位中間層以上に台頭してくると予測できます。これに伴って将来的に消費は多様化し、デジタル化の進歩にも期待できます。

またインドネシアでも富裕層は増加し続けています。2010年ではわずか1・0％にも満たなかった富裕層人口は、2020年には6・2％にまで増加し、10年後には全体の21％を占める見込みなのです。従って貧困層は大幅な減少傾向にあります。かつてインドネシアでは深刻な貧困問題が嘆かれており、2010年時点で64・9％と人口の半分以上が貧困層に属していました。ところが2020年になり、その割合は28・9％にまで低下し、2030年には26・4％を切る見込みです。

しかし景気は緩やかな減少傾向であり、富裕層に富が集中している状況です。これに伴ってインドネシア政府は2025年までに上位中所得国入りを目指す意向を表明しており、今後の政策に注目が集まっています。ただし、インドネシアの政治的安定はいまだ十

インドネシアの人口と世帯所得

U：万人

インドネシア	2010年	%	2020年	%	2030年	%
総人口	24,183	100.0%	27,352	100.0%	29,640	100.0%

世帯所得（2010 ～ 2030年）

U：万世帯

インドネシア	2010年	%	2020年	%	2030年	%
富裕層　(25,000$ ～)	65	1.0%	429	6.2%	1,596	21.0%
上位中間層 (10,000 ～ 24,999$)	142	2.3%	1,700	24.4%	1,400	18.4%
下位中間層 (5,000 ～ 9,999$)	1,969	31.8%	2,856	40.7%	2,600	34.2%
低所得層（～ 4,999$)	4,025	64.9%	2,028	28.9%	2,004	26.4%
総計 (年間世帯所得：US$)	6,201	100.0%	7,013	100.0%	7,600	100.0%

●インドネシア平均世帯人数：3.9人

インドネシア所得別推移（2010 ～ 2030年）

U：万世帯

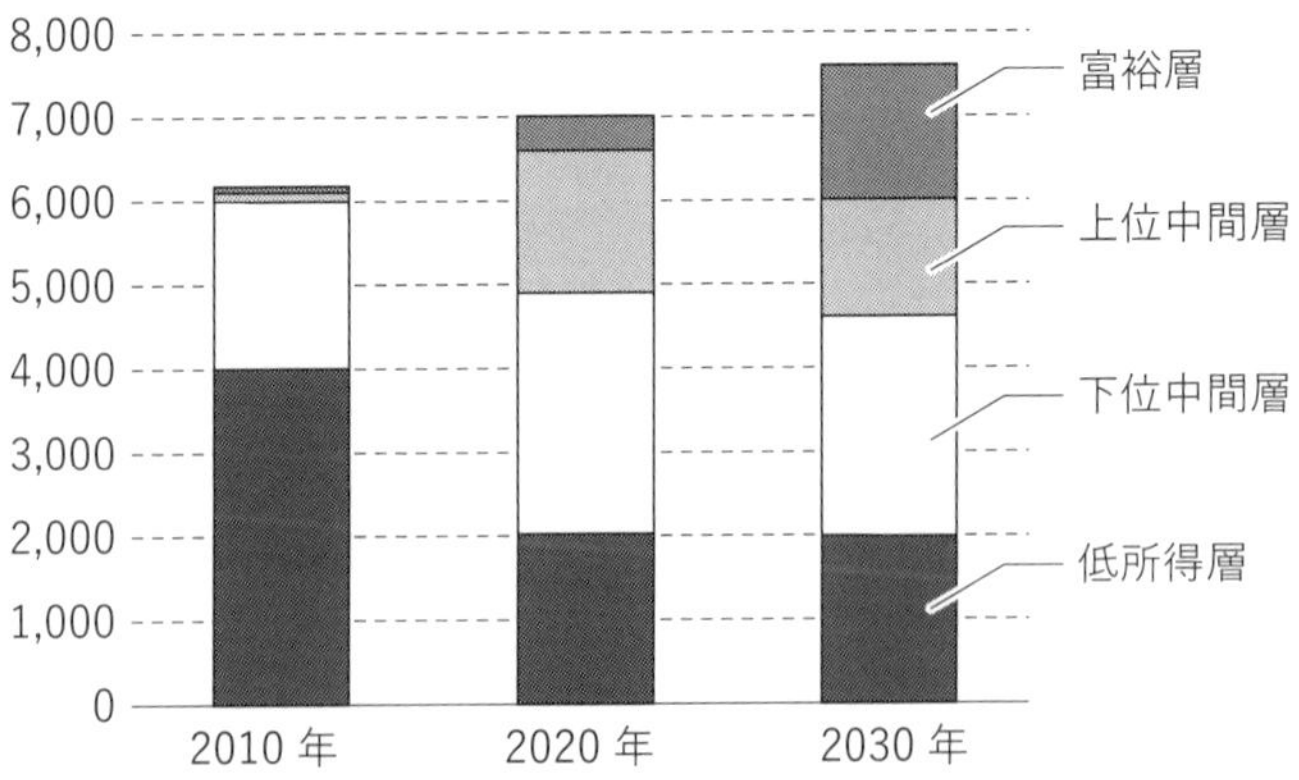

分とはいえず、改革の停滞や後退のリスクは否定できません。

またインドネシアは日本と同様に、大規模地震や火山噴火、洪水、干ばつといった自然災害の多い国としても知られています。しかしインフラ整備が遅れていることから、天災によって物流や交通が麻痺し、経済に深刻な影響を与えることがあるのです。インドネシア政府は洪水や地震などのリスクを避けることを意図して、２０４５年までにはジャカルタから約２０００ｋｍ離れたカリマンタン島（ボルネオ島）東部に首都を移転し、新首都名を「ヌサンタラ」とすることを発表しています。こうしたことからもインドネシアは災害によって大きな被害に遭っており、いまだ不安定な状態から抜け出せないことが分かります。

フィリピン

近年になり中高所得層の絶対数で存在感を放っているのがフィリピンです。２０２０年時点で約1億958万人の人口を獲得しているフィリピンは過去10年間で1500万人ほど人口を伸ばし、2030年には約1億1760万人を超えると予想されています。国民は富裕層と貧困層に大別され、その格差は大きく開いているのが特徴です。

とはいえ、富裕層の数は大幅な増加傾向にあります。2010年時点では1・5％ほどだった富裕層が2020年には11・2％にまで増え、2030年になると28％にまで拡大すると考えられています。一方で貧困層も減少傾向にあり、約10年前には人口の6割ほどを占めていた貧困世帯が、2020年には27％にまで減少したのです。

かつて「アジアの病人」と揶揄されるほど国家の財政状況が最悪の状態にあったフィリピンですが、2012年から2019年にかけて8年連続で6％以上の経済成長を遂げました。このようにいまや「アジアの希望の星」とたたえられるほどまでに成長したのには、政府がさまざまな政策を講じてきた背景があります。

フィリピンの経済成長が今後も期待できる要因の一つに合計特殊出生率の高さがあります。緩やかな減少傾向にあるものの、その割合は2019年時点で2・53％でした。これはASEAN内ではラオスに次いで2番目に高く、アジア全域で見ても5位と輝かしい割合です。現状の人口構成もほぼ美しいピラミッド型であり、高齢化の兆候は見られません。

また、平均年齢も24・5歳（2021年時点）と、日本の48・4歳に比べて圧倒的に若いことが分かります。フィリピンは高齢人口がわずか6％にも満たず、今後フィリピン市場の消費者層は、若年層を中心に伸びていくことが予想できます。

また、新型コロナウイルスの感染対策による行動制限が緩和されてから、個人消費（対GDP比）が非常に高く前年比＋8・6％と高い伸び率を見せています。消費を中心に景気拡大が続く一方で、インフラ加速による景気への影響も懸念が高まっています。

さらにフィリピンでは、インフラの未整備が多くの企業によってビジネスリスクに挙げられています。特に電力の需給バランスが整っておらず、電気料金は世界で5番目に高額だといわれています。ちなみにアジアで見ると、日本に次いで電気代が高く、周辺国と比べるとおよそ2倍の料金となっています。これに伴い、2016年6月末に発足したドゥテルテ政権ではインフラ整備に積極的な姿勢を見せており、積極的なPPP（官民連携）事業の推進も掲げていました。

フィリピンはほかのアジア諸国と比べても首都圏への人口集中が極端に高く、全人口のうち約26・4％が首都マニラに集中しています。首都圏を中心に上位中間層以上が消費を回しており、地方部との偏りが目立ちます。とはいえ都市化率は過去5年を見てもほとん

フィリピンの人口と世帯所得

U：万人

フィリピン	2010年	%	2020年	%	2030年	%
総人口	9,397	100.0%	10,958	100.0%	11,760	100.0%

世帯所得（2010 ～ 2030年）

U：万世帯

フィリピン	2010年	%	2020年	%	2030年	%
富裕層　(25,000$ ～)	30	1.5%	263	11.2%	715	28.0%
上位中間層 (10,000 ～ 24,999$)	116	5.7%	875	37.1%	700	27.4%
下位中間層 (5,000 ～ 9,999$)	695	34.0%	600	25.2%	550	21.5%
低所得層（～ 4,999$)	1,202	58.8%	644	27.0%	592	23.1%
総計 (年間世帯所得：US$)	2,043	100.0%	2,382	100.0%	2,557	100.0%

●フィリピン平均世帯人数：4.6人

フィリピン所得別推移（2010 ～ 2030年）

U：万世帯

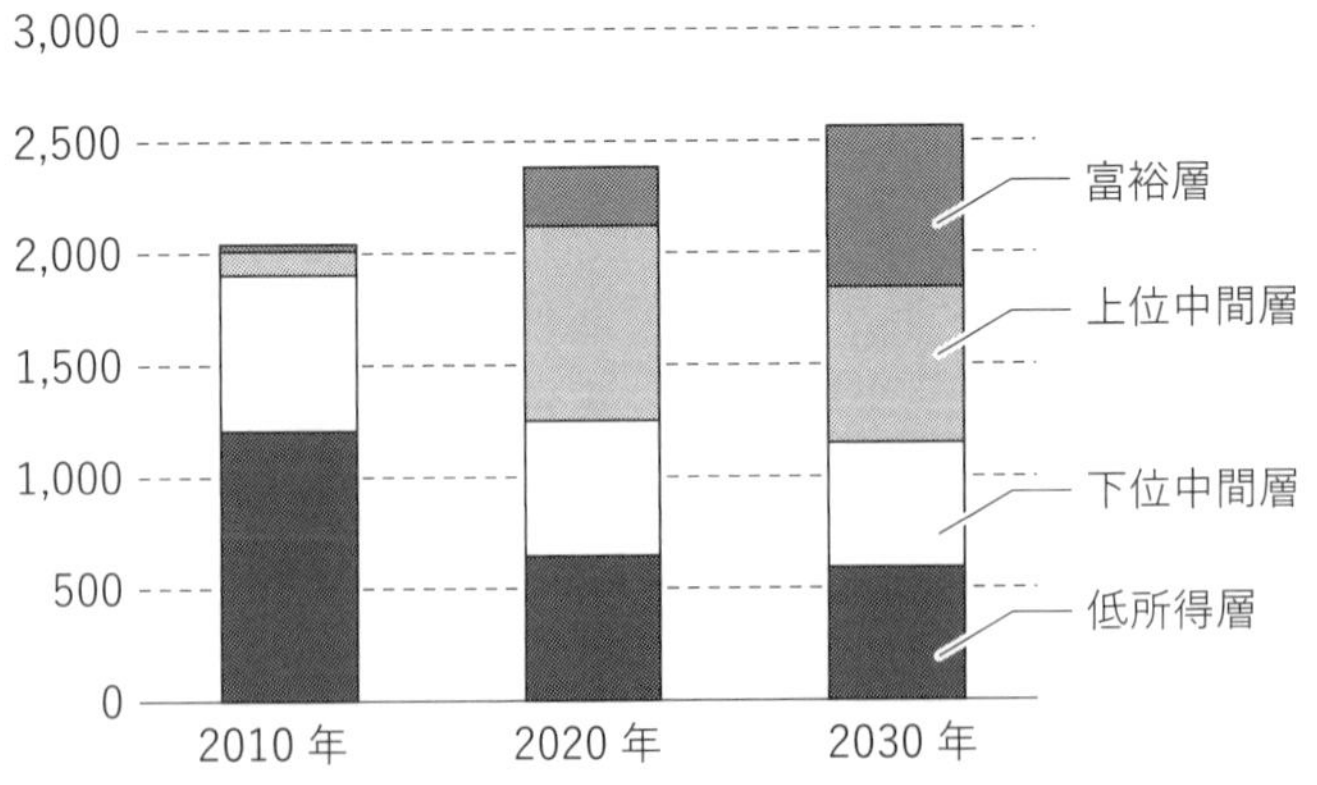

ど変わらないことから、都市化率の成長は鈍化しています。

マレーシア

マレーシアは、ＡＳＥＡＮ域内では一人あたりのＧＤＰがシンガポールに次いで2番目の高さを誇っています。総人口は２０２０年時点で３２３７万人と、５年間で約４００万人増えており、他国と同様に人口は増加傾向にあります。平均年齢は30歳で日本に比べると圧倒的に若く、現時点では人口ボーナスが発生しているといえるものの、一方で高齢化率は上昇しており、２０２５年には8・4％に、２０４０年になると14・5％にまで達すると予測されています。今後の高齢社会を見据えた社会保障制度の整備が求められているとはいえ、依然として若年層が目立つことから、労働力不足といった問題はいまだ顕在化していません。

マレーシアは、上位中間層以上の人口は２０２０年時点で全体の約8割を超えており、富裕層は過去5年で1・1倍にも拡大しています。このことから近い将来、富裕層が台頭するのは確実であり、また魅力的な税制や優れた投資環境によって国外の投資家や起業家等に人気の地域であることから、今後は超富裕層の割合も拡大していくと予想されます。しかしその分、中間層の割合が減少傾向にあり、上位中間層の年収も平準化されてきています。この収入の平準化によって、外食産業や娯楽産業の消費が進むと予測できます。

また、不動産市場ではある特徴が見られています。国内における特定の分野や立地では明らかに供給過剰となっており、急速な市場修正が叫ばれているのです。リゾート地としても依然として人気のあるマレーシアでは、首都圏を中心に著しい買い手市場になるとされ、コンドミニアム（＝賃貸型リゾートマンション）でさえも厳しい状況を強いられています。これによりマレーシアにおける不動産市場は、今後は低価格住宅が伸びる傾向にあると考えます。

マレーシアの人口と世帯所得

U：万人

マレーシア	2010年	%	2020年	%	2030年	%
総人口	2,821	100.0%	3,237	100.0%	3,610	100.0%

世帯所得（2010 ～ 2030年）

U：万世帯

マレーシア	2010年	%	2020年	%	2030年	%
富裕層　（25,000$ ～）	165	25.2%	366	47.7%	400	47.6%
上位中間層（10,000 ～ 24,999$）	242	36.9%	250	32.6%	300	35.7%
下位中間層（5,000 ～ 9,999$）	126	19.2%	107	14.2%	100	11.9%
低所得層（～ 4,999$）	123	18.8%	30	4.0%	40	4.7%
総計（年間世帯所得：US$）	656	100.0%	753	100.0%	840	100.0%

●マレーシア平均世帯人数：4.3人

マレーシア所得別推移（2010 ～ 2030年）

U：万世帯

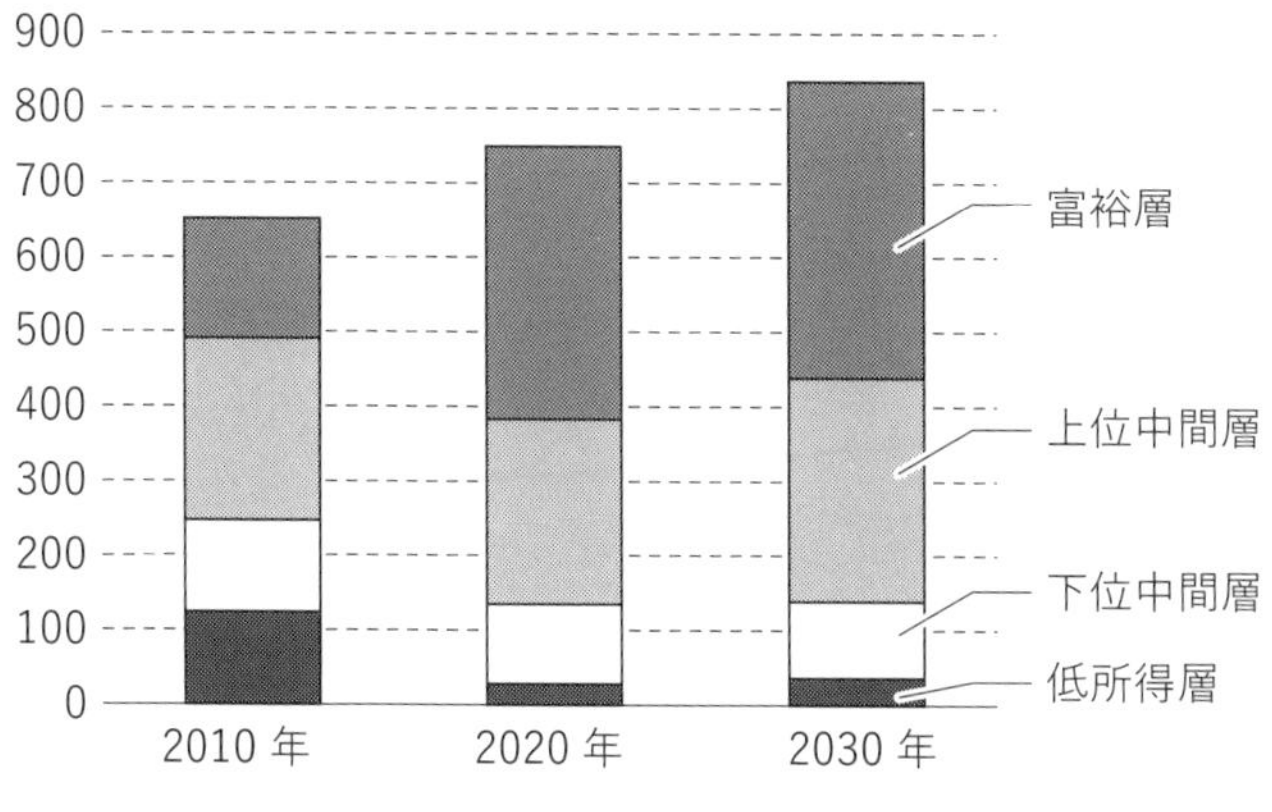

ＡＳＥＡＮ各国のＥＣ市場事情

スマートフォンやパソコンの普及率が急激に高まりＥＣ市場が活発化する今、ＡＳＥＡＮ諸国のＥＣ市場の状況を把握しておく必要があります。特に主要3カ国、シンガポール、タイ、ベトナムの国別の特徴を知ることは重要です。

まずはＡＳＥＡＮ最大の経済発展国シンガポールです。90ページの表を見るとシンガポールのＥＣサイトランキング上位3位は以下のようになっています。1位は「Shopee.sg」、2位は「Lazada.sg」、3位は「Amazon.sg」です。このうちAmazon以外のサービスはローカルのオンラインマーケットプレイスであり、アクセス数が圧倒的に多いことが分かります。また、専門の実店舗を運営しており、それらの店舗の小売ＥＣサイトも人気です。

とはいえ、その他の上位ＥＣサイトを見てみると、家電やファッションなどの専門ＥＣよりも品ぞろえが豊富で、全般的な商品を取り扱うオンラインマーケットプレイスの利用が多いのが特徴です。特に、主要ECサイトであるQoo10、Lazada、Shopeeはシンガポールをハブとして東南アジア全体で事業を展開する「越境EC」として事業展開を行っています。ほかにも数多くの海外企業がシンガポールに拠点を設置しており、特に東南アジア地域を中心とした主要ECサイトの大半はシンガポールを拠点としているのです。

このように数多くのEC企業がシンガポールに拠点を展開する理由として、政府によるEC企業の成長促進を目的とした「生産性ソリューション助成金（PSGグラント）」と呼ばれるビジネス補助金制度や通信メディア開発庁（IMDA）の設置による電子商取引の持続可能な環境整備が重要な役割を果たしていることが挙げられます。

なかでもQoo10は、シンガポールで他社に先駆けて登場したECサイトであり、国内での認知度が非常に高いです。近年ではLazadaやShopeeなどの登場により競争が激化しているものの、顧客へのポイント・クーポン等による割引を積極的に展開し、シンガポール国内では依然として人気を誇っています。

シンガポールにおけるEC市場のうち、エレクトロニクス／ITガジェット分野が26％と最も高い割合を占めながらも、ファッション分野が24・4％と2番目に多く、食品、日用品、玩具やDIYが続きます。また、家電分野は12・6％であり、EC化状況はエアコンが0・7%、テレビ／他家電が6・4%であることから、施工を伴わない家電のEC化率が高くなっていることが分かります。

シンガポールでは、その他ASEAN諸国と比較すると物流網の整備が進んでおり、大型家電の参入障壁はやや低めです。また決済や物流などのインフラが十分に整備されており、国を挙げたEC市場促進の姿勢が見られるため、シンガポールEC市場は今後も大幅に拡大していくと予測されています。

スマートフォンの普及によって急速に広がったタイのEC市場

タイでは国内の生活水準やスマートフォンの普及率が上がったため、ECサイト市場は年々拡大しており、購買行動としてもスマホからECに入る流れが一般的となっています。

そんなタイのEC市場でシェアを伸ばす上位3サイトは、90ページの表を見ると上からのShopee.co.th」、「Lazada.co.th」、「Kaidee.com」という順に並びます。1位のShopee.co.thと2位のLazada.co.thはいずれもシンガポール系のECサイトで不動の人気を誇っているものの、その他上位にランクインするサイトについてはそのほとんどがタイローカルのECプレイヤーとなっています。また、実店舗を有する小売店がECサイトを立ち上げているパターンも多く、家電量販店最大手やホームセンター最大手といった実店舗がECサイト上位にランクインしている傾向も見られます。

小売店舗のECサイトの例として、タイ、ラオスに約350店舗を展開するスマホ／IT商品の販売店のECサイトである「Advice」や、小売大手Centralの傘下で全国に113店展開するタイ最大の家電量販店のECサイト「Homepro」などが挙げられます。このようにタイのEC市場はシンガポールとは異なり、専門店型のECサイトが多く、高いアクセス数を誇っているのです。

またタイではいまだキャッシュレス決済が普及しておらず、現金払いが一般的となっています。店頭など対面式での決済手段の割合を見てみると、現金が68％と最も多く、クレジットカード・デビットカードは合わせて29％、電子決済に至ってはわずか6％しか利用されていません。これに対しタイ政府はオンラインショッピングにおけるクレジットカードでの決済使用を促進しており、全国の銀行に55万の電子データキャプチャターミナル設置などを後押ししたり、出店業者に対してクレジット決済サービスを採用するための税金の優遇措置なども行ったりと、今後のＥＣ市場やオンライン決済の普及に向けて積極的に取り組んでいます。

タイＥＣ市場における各分野商材のＥＣ化率はいずれも低く、最も多いアパレル産業であってもわずか11・６％ほどの割合です。とはいえ、タイのＥＣ市場は、物流（地方のインフラ発展）、インターネット（５Ｇ普及）、金融（電子決済システムの普及）インフラの発展によりさらに拡大するといわれており、今後の普及に大きく期待できると考えられます。

ベトナムEC市場では、総合的なオンラインマーケットが人気

ベトナムの主要ECサイトとしては、90ページの表を見ると1位の「Shopee.vn（シンガポール系）」と2位の「Lazada.vn（シンガポール系）」といった外資系に加え、そのほか上位には「Tiki.vn」や「Sendo」、「The Gioi Di Dong」といったローカルのECサービスがランクインしており、これら5社は6位以下と大きくアクセス数を引き離しています。

ベトナムECサイトの特徴として、家電やファッションなどの専門ECサイトよりも、品ぞろえが豊富で全般的な商材を取り扱うオンラインマーケットプレイスの利用が多い点が挙げられます。また全体的には国内ECサイトの利用が多いものの、海外限定ブランドや国内商品よりも高品質の商品を購入したいという理由から、越境ECサイトの利用も多いという点もベトナムEC市場特有の傾向です。

ハノイ市のEC利用者を対象としたアンケートでは、海外ECサイトの利用経験は59%と、ASEAN域内の他国に比べて高い数値が出ています。購入先としては中国、アメリ

カ、日本、韓国が多く、ファッション分野や化粧品／医薬品、家電／パソコンなどの商品が人気でした。

ベトナムはタイと同様にキャッシュレス決済が普及しておらず、対面式では約86％の購入者が現金で決済を行っています。そもそもベトナムでは人口の59％しか正式な銀行口座をもっていないとされており、多くのベトナムの消費者は、普段の買い物でキャッシュレス決済を利用する習慣がないだけでなく、ＥＣでの買い物の際にも代金引換が普及しているのです。

そのほかにユーザーが代金引換を好む理由に、ＥＣの信頼性の低さが挙げられます。例えばベトナムでは、注文した商品と届いた商品が異なっていたり、注文時には日本製と書いてあったものが届いた現物を見ると中国製や韓国製で虚偽の製造地が記載されていたりといった事態が頻繁に起こっているのです。そのため購入者は注文した商品を実際に手に取って確かめてから購入を決定するという消費行動が習慣化しているのです。

一方でキャンセル・返品率の高さは30％以上と非常に高く、事業者からはキャッシュレス決済の普及が強く望まれています。

日本企業と中国企業の比較

市場分析の次に必要なのが競合他社の調査です。特に今後も強力なライバルとなり得る中国企業の状況を把握しておく必要があります。具体例として電機・電子部品業界を取り上げ、中国企業と日本企業を比較して会社の特徴の分析を試みます。

まずは商品の市場占有率や売上高など数値として把握できる定量データ情報を基に見ていきます。大きな特徴としては、中国企業7社のうち、ほとんどが会社・グループ全体の海外拠点の割合が半分以下であるのに対し、日本企業2社は約9割弱の割合で海外に活動拠点を置いていることです。

例えば、大手中国企業の美的は、R&D（＝研究・開発拠点）が合計6拠点あるなかで、3拠点を自国である中国に設けており、残りはベトナム、インド、日本に1カ所ずつ設置しています。つまりASEAN域内ではベトナムにしか研究開発施設はないということです。

このように、中国企業のほとんどが本社のある中国にR&Dを置いているものの、進出先国には設けていないという特徴が見られます。

一方で日本企業を見てみると、大手家電メーカーの2社ともに、R&Dを各国にまんべんなく設置していることが分かります。まずパナソニックでは、3カ所あるR&D拠点を日本、中国、マレーシアにそれぞれ1カ所ずつ設けており、三菱電機についても、5拠点のうち、中国、タイ、アメリカジョージア州に1カ所ずつ、EMEA(=ヨーロッパ・中東・アフリカ)地域と本社のある日本に2カ所の生産・開発拠点を設けています。

次に生産拠点を見てみると中国企業のうち半数以上の企業が10~15の工場を所持しており、そのほとんどが中国国内に集中していることが分かります。その他、世界各地域に生産拠点が置かれ、ASEAN域内にはタイ、ベトナム、インドネシアに工場が置かれています。

日本企業を見てみると、パナソニックでは8工場のうち2つが日本に、そのほかに中国、インドに1つずつ、そしてASEAN域内に4カ所の工場があります。一方の三菱電機は6工場のうち日本、中国、タイ、メキシコ、イギリス、トルコに1つずつ生産拠点が置かれています。

このことからほとんどの中国企業は、R&D拠点については現地化設計がなく、工場拠点戦略においては「中国集中生産」という戦法を取っており、ASEAN市場ではタイやベトナムでの工場拡大を狙っていることが読み取れます。一方で日本企業は、2社とも応用設計（一部現地化設計）というR&D戦略を取っており、工場拠点ではそれぞれがタイ、マレーシアでの集中生産をしていることが分かります。

地産地消型／販社型での相違点

競合他社を調査するうえで、組織体制の把握は必須事項です。まず一般的に、企業の組織体制は大きく「開発」「製造」「販売」「管理部門」の4つに分けられます。この組織体制のなかからそれぞれ人数や業務内容などが分かれば、その企業のリソースの割合を推測でき、競合他社への理解を深めることができるのです。

企業における一般的な割合を示すと、開発は全社員の2割以下、製造は5～6割（ただしファブレスの場合は生産技術と品質管理のみであるため1割程度になる)、販売(営業)においては極端で、1~2割のところもあれば、6~7割を営業が占める企業もあります。最後に、総務・事務・財務・経理などを担う管理部門は、大体全社員の1割~1割5分が一般的とされています。各部署の人数についてはより細かい調査が必要になりますが、大枠でこの4つの部門の体制が分かれば組織図が見えてきます。

組織図が見えればその会社が力を注いでいる部分が分かります。開発の人数が多ければ開発に、販売に人員が割かれていれば営業に力を入れていることが分かります。ここまで分かれば、最も人数が多い(=企業が力を入れている)部門のなかで、さらにどのように人員が振り分けられているのかを調査します。例えば開発であれば、企画・研究・技術などどういった内容になっているのか、販売であれば、直接販売なのか、代理店販売なのか、サービスサポートなのか、それぞれどこの部署に人数が多いのかによって、営業モデルを予想することができます。

現在ASEAN市場に進出している大手日本メーカーを見てみると、多くの企業は大きな研究施設を一つ保有して研究者を集め、各国のデータを集約しています。こうした総合研究所が高精度の現地情報を集め、自社の製品・サービスに反映し、現地で販売を行います。

一方で中国や韓国、欧米企業はトップダウン型で本社が強い権限をもっています。いってしまえば、進出先の国は出先機関のような位置付けで、本社を軸に世界に水平展開させているのです。

日本企業のような地産地消型の場合は、現地にある販社が権限をもち、主体的に自国での販売を行います。より密度が高く地域に根ざした商売が可能になるものの、本社と現地販社でのイノベーションが起こりやすい傾向にあります。しかし、中国、韓国、欧米企業のような販社型は、本社の意向に全面的に従って現地で販売を行うという形を取っているため、強いグリップ力と統括力によるスピード感のあるマーケティングが可能になるのです。

こうした細かい内部情報については容易に収集できるものではありませんが、企業が自社比較する際に必ず必要になってきます。

製品別のSCMと「販路」のまとめ

市場と競合他社の把握ができたら、次にやるべきことは販売経路の確保です。その際には製品が研究・開発されてからエンドユーザーに渡るまでのSCM（サプライチェーンマネジメント）の視点で戦略を練っていく必要があります。

一例として、全電化製品でのグローバル展開が加速する大手中国企業の美的グループを取り上げ、SCMと販路を詳しく見ていきます。

同企業が全製品をグローバル展開させる際の全体戦略のなかで、戦略事業群1位となるのは、冷蔵庫や洗濯機といった大型白物家電です。これらは据え付けが必要なく、製品単価も高いため、オンライン販売での展開が比較的容易であることや、エアコンなどの空調機器よりも生活必需品であるため、ASEAN新興国での需要も高く、成長性にも期待できるという理由から全社戦略1位となっています。

続いて2位はエアコン事業であり、空調部門は市場規模が大きく需要も年々増加傾向になるため成長性も高い、という理由からこのように策定されていると考えます。戦略事業群3位は炊飯器などの小型家電です。生活必需品も多く、単価も比較的手が出しやすい小型家電分野は主にオンライン販売向けの方針で進められています。そして4位はロボット事業／EV事業です。これらは同企業の事業としてはいまだ目立った動きはなく未知数ではあるものの、家電事業とのシナジーを生み出す状況であることは間違いありません。

これらの事業は細かく区分されており、セグメント変更になったのは2017年からでした。それまで別事業だったエアコン&スペアパーツと扇風機などがHVAC（空調関連事業）に包括され、今ではそのなかで家庭用、業務用、換気システム（扇風機）等に分類されています。また、冷蔵庫&スペアパーツ、洗濯機&スペアパーツ、小型家電事業の3つのセグメントは、Consumer appliances（家電関連事業）に集約し、そのなかで冷蔵庫や洗濯機といった大型家電と、炊飯器や電子レンジといった小型家電に区分けされるようになりました。そして、モーター事業、物流事業、材料調達等のその他の事業は、その他事業として一つにまとめられ、2016年8月のドイツ・KUKA社のロボット事業買収により、2017年度から新たにロボット関連事業がセグメントに追加されました。

もともと自社ブランドでの展開にこだわりのない美的グループは、各国のジョイントベンチャーやローカルの有力メーカー、代理店との合弁会社らがシェアを獲得しています。

また注力地域は依然変わらず、アジア、中南米を対象に、スマート化やオンライン化を最重要戦略としているのです。

開発・研究における戦略として、同企業は中国に11施設のR＆Dセンターを置いており、本社R＆Dの位置付けである「本部世界開発センター」には約１５００人もの人員を確保しています。しかしこの施設よりも多い人員が充てられているのが、「家庭用空調事業部R＆Dセンター」でした。家庭用エアコンの研究開発を行う同施設では約１８３０人の職員が働いており、このことから美的グループは現在家庭用空調事業の推進を図っていることが見て取れます。その他アジアでは、日本、シンガポール、ベトナム、インドに1施設ずつ設置されており、欧米諸国にも多くの開発・研究施設が設けられています。

生産体制の特徴としては、全世界に保有する27カ所の工場のうち、中国に15カ所の工場を設けており、基本的に中国工場が中心となった工場展開を行っていることが分かります。このことから中国集中生産であることが見て取れますが、Miraco社との合弁によるエジプト工場や、Carrier社との合弁によるインド工場やブラジル工場など、一部局地戦では地産地消を展開し、コスト競争力を発揮しています。また、２０２０年稼働のインド第2工場、２０２１年稼働のタイ第2工場を設立するなど、中国依存の生産体制から、タイを中心としたASEAN、北米への輸出、またインドを中心とした欧州、中東アジアへの輸出といった生産展開を図っています。

販売実績に関しては、美的グループ全体で販売した台数のうち、中国で売れた割合が約58・4％と最も多く、日本ではわずか3・9％ほどにとどまります。また、ASEAN主要5カ国では計5・1％しかなく、各国別で見てみるとその割合は極めて低いです。

美的グループは、営業拠点を世界26地域に展開しており、そのうち自社法人（ジョイントベンチャーを含む）を設けている国は11カ国です。アジアパシフィックの10カ国中、法人格があるのは5カ国、EMEAの7カ国中（厳密には中東各国を足すと11カ国）で法人格があるのは3カ国、北米、中南米の6カ国中では1カ国、アフリカの3カ国（厳密には西アフリカ各国を足すと9カ国）のうち2カ国に法人格があります。

このように展開国における支店に関しては、あまり積極的に展開できていない現状であり、支店がある国はマレーシア（7支店）、ベトナム（ハノイの1支店）、オーストラリア（NSW、QLDの2支店）、ブラジル（2支店）の4カ国となっており、そのうち地方までを手厚くカバーしているといえる国はマレーシア（ただし、ジョイントベンチャー）とブラジルしかありません。

さらに美的グループが各国の拠点で生産した台数のうち、どの程度が他国に供給されているのか、生産台数を100%として、その内訳を調べてみました。

まず稼働率82・5%と同企業の中心拠点である中国で生産された製品のうち、51・7%と半数以上はそのまま中国に供給されていて最も多く、次に欧州で21・6%、北米に12・9%の割合の台数が輸出されています。アジアで見てみると、日本にはわずか3・5%ほど、ASEAN域内ではほとんどの国で1%を下回る数となりました。

またその他の国を見てみると、生産拠点がある国への供給台数が多いのはベトナム拠点のみで、タイ拠点やインド拠点は異なる特色を見せていました。タイ拠点においては、自国タイへの供給割合はわずか5・3%ほどで、最も多い割合を占めるのは北米地域への供給量で68・6%が輸出されています。インド拠点においても、自国インドへの供給割合は37・5%ほどでありながら、残り62・5%は欧州地域へ供給されているのです。

一方で、ロシア拠点、エジプト拠点、アルゼンチン拠点、ブラジル拠点では、生産台数の100%が自国で供給されています。

この数字から見ると美的グループは中国での集中生産に力を入れているようですが、マーケティングチェーンとしては、まだ稼働率に余力がある生産拠点が多く、今後はその稼働率を高めていくと予想されます。世界各地に置かれた生産拠点で、それぞれが稼働率を上げたとき、どのように商品を供給していくかというと、まだまだ未熟でありながら著しい成長を見せるＡＳＥＡＮ市場に向けての先行投資と考えます。結論として、美的グループは次に目指す新たなビジネスチャンスとしてＡＳＥＡＮ市場を有望視していることは明らかです。

想定顧客層（レベル）ごとの「販路」

そもそもなぜ日本企業や欧米企業が、富裕層をターゲットにマーケティングを行ってきたのかを分析し、各所得層の販路や消費動向を知ることで、ＡＳＥＡＮでのさらなるマーケティング戦略を探ります。

消費者として非常に目が肥えている富裕層は、商品・サービスの口コミやレビューはもちろんのこと、信頼できる知人や専門的な知識をもっている人から積極的に情報を取得しようとします。こうした行動原理は、企業が価格競争の渦に巻き込まれることなく、品質や性能の良い商品・サービスが正当に評価されたり、確かなブランド力をもつメーカーは着実にシェアを伸ばすことができたりする点で、日本企業や欧米企業の強みにマッチしたと考えます。

また、一般的に企業・メーカーが新商品を出す際や、自社製品を海外展開する際には、最初に「導入期」としてプレミアム戦略が行われる傾向が高いのです。この「プレミアム」とは、高品質な商品を高い価格で売るマーケティング戦略をいいます。主に富裕層をターゲットとするこの戦略は、独自性を高めて商品に希少価値をもたせるため、大量の広告を打たなくても集客できるメリットがあります。導入期は消費者に初めて製品を知ってもらう段階であり、市場にスムーズに導入するための舞台を整えて価値創出する時期なのです。

次の段階で「成長期」という、富裕層に加えて上位中間層もターゲットにしたマーケティングが展開されます。この成長期とは、消費者がその商品・サービスの性能を認め、生活に付加価値を与えてくれると判断する時期であり、需要と売上が増加する時期でもあります。すでに消費者の支持を得ている商品・サービスは、競合他社の製品よりも優れている理由を示し、ブランドの存在感を高めるためのマーケティング戦術が求められるのです。

この次の段階に当たるのが「成熟期」というボリュームゾーンです。消費者側からは低価格で高い品質が求められるため、生産力、供給力で勝負することになります。低コストを強みに成長を続けてきた中国企業は、技術力の強い外国企業との競争を避け低価格の製品を大量生産し、国内外で販売するという戦略に徹し続け、貧困層も取り込みながら、いまやASEAN域内でも確かな地位を確立しました。

ここまで、製品ライフサイクルと各所得層の関係性を見てきたので、次に顧客層ごとの販路について考えます。いまやASEAN諸国で上位中間層や富裕層といった高所得層が拡大しているとはいえ、一部の国（シンガポールやマレーシア）を除いてはほとんどの地域で約3割～半分以下にとどまります。この限られた顧客層にどう攻め込むかが課題となってくるのです。

ASEAN域内全体を見渡してみると、どの国でも共通しているのは、首都を中心とした都市部に富裕層が集まっている点です。また多くの国で、富裕層の拡大に伴い国民の投資への関心が高まっています。株式、投資信託、不動産といった金融投資だけでなく、近年、目立つのがキャリアや人間関係、趣味など、人生を支え豊かにするためのスキルや体験に対し、一極集中でなく分散的に時間や努力を投資するという消費行動です。富裕層を中心にこの「コト消費」への支出が拡大しており、レジャーや外食産業などの市場が活発化しています。

またショッピングセンターや百貨店は、中間層以上の現地住民の生活に浸透してきています。例えば、2016年10月、マレーシアの首都クアラルンプールには上位中間層・富裕層向けの、日本製品のみを扱う「伊勢丹」がオープンしました。ミャンマーの最先端ショッピングモールには100円均一ショップ「ダイソー」がフランチャイズ形式で進出しており、モールという立地を基盤にブランドイメージを確実に植え付けています。1800チャット（約180円）均一という価格設定は、現地（ヤンゴン）の消費者にとって決して安価とはいえないものの、日本製品の品質や性能の良さは大きな信頼を得ているようです。

一方で、減少傾向にある貧困層ですが、いまだ割合は少ないとはいえません。ほとんどの国では都市部の貧困層人口は比較的少なく、農村部に目立ちます。貧困層の消費動向といえば、とにかく〝安価〟が求められるため、企業側にとってはいかに低コストで製品を生産・供給できるかが重要です。また、スマホやパソコン等の通信サービスを利用できない人も多く、ローカル企業やパパママ・ショップといった地域に根付く商店での買い物が主となっています。

このように所得層によって販路や消費動向は異なり、東南アジア全域で貧困層、中間層、富裕層、の割合の変動が見られる今、各所得層の販路や消費動向をつかむことも非常に重要となってきているのです。

第 4 章

アジア新興国進出に成功している企業に学ぶマーケティング戦略

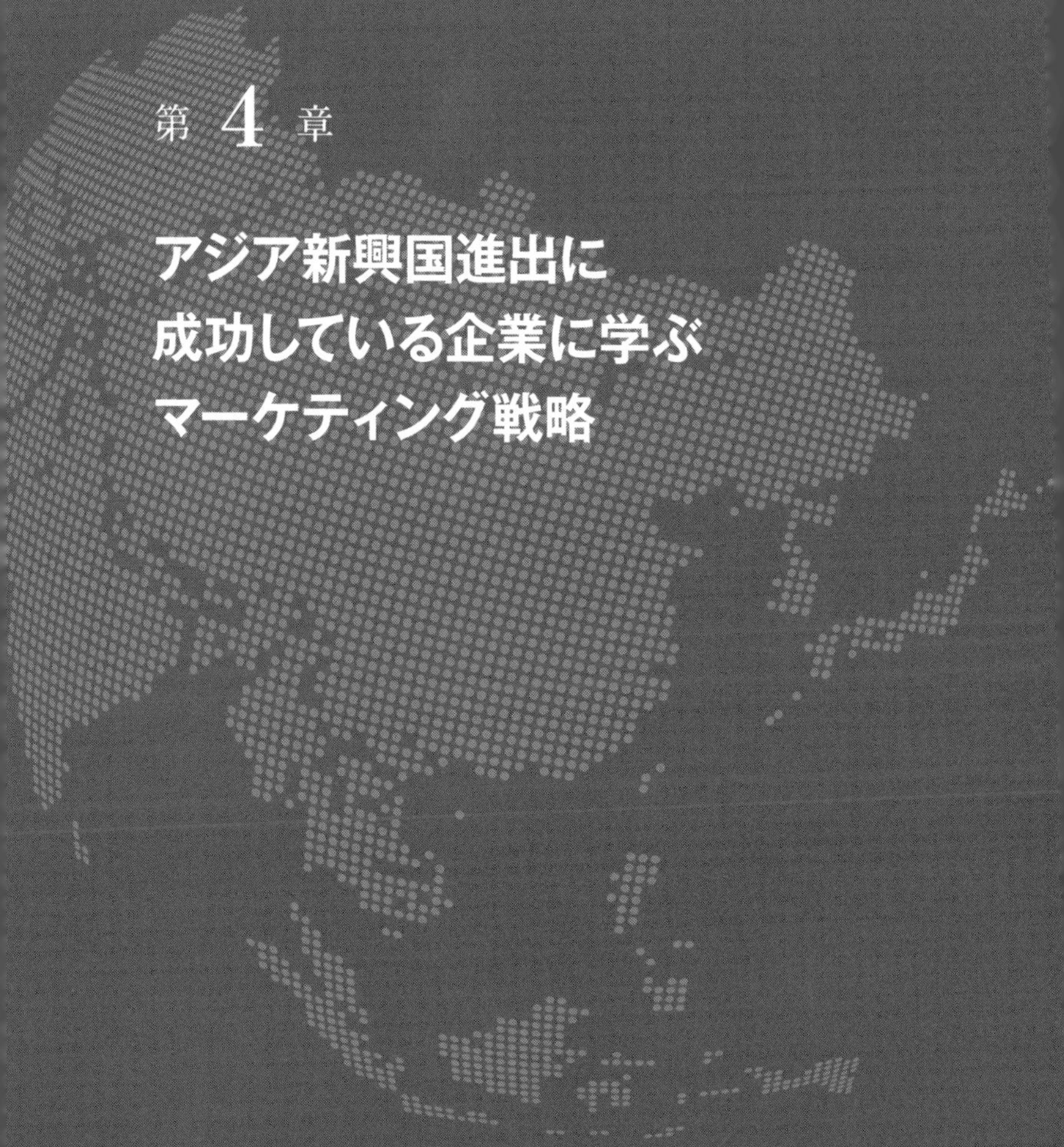

無作為抽出　アジア新興国成功進出例

製品別／国別での新興国のトップシェア3社の分析レポート集

アジア新興国市場では、厳しいシェア獲得競争が激しさを増しています。その内容はASEAN全域に広がるものから、域内各国さまざまな品目での競争に至るまで多岐にわたります。しかし競争結果の成否につながる確実な手法はいまだ判明していません。

急激な技術進歩と世界経済のグローバル化による数え切れないほどの急速な変化が競争に拍車を掛けています。同時にその変化は、従来のマーケティング手法の一部を陳腐で有効性のないものに変え、一方で新たな可能性を開く方向にも働いています。ただし、依然として大きな効果を上げるマーケティングも残っている――それが今日のアジア新興国市場での競争をより複雑なものに変えている要因となっています。

このように不確実な状況で理論が定まらないなかでは、むしろ実際に成功した事実こそがより大きな価値をもつものとなります。そこでASEANマーケットに大きな存在感をもつようになった、各国企業の進出成功例をいくつか見ていきます。

最初に挙げる中国・韓国企業は基本的に21世紀になってからの成功サンプルです。次に挙げる日本企業は、その事業発展の歴史に沿って1960年代から2020年代に入るものまでを並べました。

例として取り上げた企業は産業や事業内容によるフィルターをいっさい通さず、ただ進出年代が分かる順に示したものです。進出時期と進出先、進出企業名、そして最後に進出経緯や進出前後のマーケティング、今後の目標などを簡単にまとめました。

中国・韓国などの進出成功事例

2003年　ASEAN進出

業種：化粧品メーカー／韓国
社名：アモーレパシフィック
内容：化粧品メーカーである同社は、中国のあとに続く市場としてのＡＳＥＡＮを評価しベトナムに進出した。本格的に売り場を増やし始めたのは２０１２年からで、タイのショッピングモールで高い売上を記録し、急成長するＡＳＥＡＮ市場に迅速に製品を供給するため２０２０年にはマレーシアで10万２５００平方メートル規模の工場を建設、シンガポールにＡＳＥＡＮ法人と研究所を設立するなど域内市場拡大に力を入れている。

成功の要因は徹底的な市場調査にある。市場調査機関のニールセンと提携し現地の人の家を訪問し、化粧品を使う習慣を調べ、各国の客と市場の分析を4～5年かけて実施した。ビューティー産業が発達しているタイには高級ブランドをローンチして富裕層を攻略、シンガポールでは基礎化粧品中心、フィリピンとマレーシアでは色調化粧品中心、といったようにその国の市場特性に合わせたマーケティング戦略を実行した。

「透明な肌は若く見える」「容貌はもって生まれるが魅力はつくることができる」という点を大々的に知らせたほか、韓流ブームの追い風もありＡＳＥＡＮ市場において人気を博している。

2021年　ASEAN進出

業種：自動車メーカー／中国
社名：長城汽車有限公司
内容：中国の大手自動車メーカーでＡＳＥＡＮ地域におけるスマート新エネルギー車の販売で目覚ましい進歩を遂げており、２０２３年時点で同地域の新エネルギー利用者数は2万人を超えたとされる。

タイを皮切りにマレーシア、ラオス、ブルネイ、フィリピン、カンボジアといったＡＳＥＡＮ6カ国の市場参入に成功しており、23年下半期にはベトナム、シンガポール、インドネシアへも参入する計画。

このような躍進の一つの要因として、アジア事業を縮小したアメリカ・ゼネラルモーターズ社からのタイやインド等の工場買収が挙げられる。買収後は自社の工場ノウハウやSCMを取り込んだ改修を実施し、同地域での需要を即座に反映させる体制を構築した。

2008年　インドネシア進出

業種：百貨店チェーン／韓国
社名：ロッテ
内容：韓国大手小売企業には、生き残りを懸けて新興市場として注目されるアジア地域への進出を加速する動きが見られ、主に百貨店の運営を行うロッテグループのロッテショッピングは、オランダ系大型スーパーマーケットチェーンのマクロ・インドネシアを買収、現地での販売網を一気に手に入れることに成功した。

同社の進出方式は、従来の賃貸や新規敷地開発方式ではなく、多店舗ネットワークの構築が短期で実現可能なM&A方式となっており、これにより短期間で店舗拡大を実現し、百貨店だけではなく、ホテル、オフィス、ハイパーマーケット等の業態に加えて、テーマパークや映画館等のエンターテインメント部門を同時に進出させることで、海外顧客のさまざまなニーズを一度に充足させる多重使用複合空間を構築していった。さらに、新たな販路にオンライン小売業態としてインターネットショッピングモールやテレビショッピングを加えることで、すべての小売業態を傘下に収めることに成功し、オンライン、オフラインのシナジー効果は、インドネシアをはじめとした海外進出の際にも発揮した。

日本の進出成功事例

1969年　インドネシア進出

業種：化粧品メーカー／日本
社名：マンダム
内容：整髪剤や化粧品を扱うマンダム社では、現地のBOP層へ向けた価格面での対応や、イスラム教徒が毎日複数回行う礼拝において、水を用いて手足頭など定められた箇所を洗浄する際に発生するスタイリング需要に応えるために、小袋化や小型化など商品のサイジングを工夫し、インドネシアでの成功を収めた。

具体例として、同社では男性用ヘアスタイリング剤のサチェット（小袋）商品、女性用ではそのままでも使用できるようにパフを同封したツーウェイケーキのレフィルなどを製造、販売。現地のＢＯＰ層や地方エリア等の幅広い生活者に受け入れられており、現在同社の売上の約21％はインドネシアが占めているとのこと（２０２３年３月期）。

また、このようなＢＯＰ市場向け製品は、フィリピンやインドシナエリア、西南アジアやアフリカなどにも輸出する。

1980年代　インドネシア進出

業種：ベビー用品メーカー／日本
社名：ピジョン
内容：ベビー用品の製造、販売を行う同社はインドネシアにおいて40年以上事業を継続しており、現地での哺乳瓶のシェアは自社推計で約６割に達する。

哺乳瓶販売でターゲットとする層は、①アッパー層（所得上位10～15％）、アッパーミドル層、②ミドル層の２つで、アッパー層へは10万～20万ルピア（約１０００～２０００円、１ルピア＝約０・01円）の価格帯、アッパーミドル層へは５万～10万ルピアの価格帯、ミドル層には5万ルピア以下の商品というように所得層ごとに異なる製品を投入。

人口の多数を占める②ミドル層向けの製品を多く製造、販売することで製造コストを下げつつ、市場拡大が今後見込まれる①アッパー層、アッパーミドル層向けの高価格帯の売上と利益を伸ばしていく方針を取る。

病院や産院などで勤務する医師との対話を通した製品開発「クリニカル・アプローチ」を進めたほか、現地生産によるコスト競争力を活かし、インドネシアの人口の多数を占めるミドル層に合った価格帯の哺乳瓶、乳首を販売することで、全土を網羅する販売網を着実に構築、高い市場シェアの確保につなげた。成長の鍵を握るのはアッパーミドル層であるため、今後はブランディングやデジタルマーケティングにより注力し、顧客のマインドシェアを獲得していきたいとする。

また、大手ECサイト「トコペディア（Tokopedia）」や「Shopee」などにオフィシャルストアを設けて販売を行ったことで、ECでの販売比率が徐々に上昇するものの、基本的には代理店を通した販売が主流であるため、今後は確実に伸長するオンラインの販売チャネルをしっかりと押さえ、そのうえで独自に進化するインドネシア市場の変化を注視、適応し販売チャネルを構築していくとする。

1989年　インドネシア進出

業種：医薬品・食料品製造販売／日本
社名：大塚製薬
内容：医薬品、食料品大手である大塚製薬は進出当初は輸入品の販売を行っていたが、2004年にはポカリスエットの製造を行う自社工場を設立し、同製品の販売を本格化させた。

ラマダン（断食）明けのイスラム教徒や、デング熱の患者向けにポカリスエットの無料配布等を行い、水分をすばやく補給できる点をアピールするなどして、現地の習慣や生活シーンに合わせたマーケティングの結果、インドネシア国内でのシェアを大きく伸ばすことに成功した。

991年　インドネシア進出

業種：医薬品・食料品製造販売／日本
社名：ヤクルト
内容：進出とともに営業を開始。製造は、西ジャワ州のスカブミ工場（1997年稼働）と、東ジャワ州のモジョケルト工場（2014年稼働）の2工場で行っており、1日あたりの生産能力は、スカブミ工場で364万本、モジョケルト工場で564万本となっている。

地道な価値普及に努めて、商品の良さを理解してもらったうえで消費者に商品を購入してもらうことを優先するため、ヤクルトレディが商品の良さをアピールしながら訪問販売することが非常に重要となっている。ヤクルトレディに対しヤクルトの効果を伝えるための標準トーク例を覚えてもらうほか、消費者との円滑なコミュニケーションを取るコツも共有。また、家庭と仕事を両立できるよう、担当エリアを自宅近辺に割り当てたり、センターに常駐する社員が家庭の悩みにも答えたりするなど、きめ細かくフォローすることでその数を増やし（インドネシア国内で約1万1000人）、さらなる販売拡大に成功。実績を1日あたり約700万本販売に拡大。

2013年　ベトナム進出

業種：染色加工及び製造販売／日本
社名：ソトー
内容：繊維製品の染色加工業を営むソトーは、2012年に中国にシフトした仕事を取り戻すために海外進出を決意。目を付けたのが繊維製品製造の増加傾向にあったベトナムだった。

日本貿易振興機構（JETRO）の相談窓口を利用し、2013年にベトナムの国営企業と業務提携を行い、スーツ向けウール生地の生産拠点を造ることに成功。2015年のテキスタイル生産開始から1年で売上1億円を達成し、TPP（環太平洋パートナーシップ）を見込んだグローバル生産体制（ベトナムからアメリカへの輸出等）を構築することができた。

今後は年間10億円の売上を視野に、グローバル供給網の実現を目指す。

2013年　ベトナム進出

業種：ブラシ製造販売／日本
社名：太陽刷子《ブラシ》
内容：ほうきやブラシの製造を行う太陽刷子は、国内市場が成熟傾向にあったため、海外への進出を決断した。進出済み企業の支援により、ベトナムを進出先に決め、2013年にベトナム南部のドンナイ省での生産を開始。
高付加価値オーラルケア商品（歯ブラシ、歯間ブラシ）をベトナムのイオンに納入し、「クールジャパンワールドトライアル2014 in ベトナム」にこれら商品を出展すると、バイヤーからの問い合わせが増加し、ベトナムでの拡販に成功した。中高所得層をターゲットとした高付加価値商品が顧客の需要をつかんだものと見られる。

2013年　シンガポール進出

業種：メガネ・サングラス製造販売／日本
社名：OWNDAYS
内容：オリジナルブランド眼鏡の企画、デザイン、製造、販売までをすべて自社で行うOWNDAYS社は、海外初店舗をシンガポールでオープン。現地の市場や消費者に合わせた付加価値の高い製品とサービスをリーズナブルな価格で提供することで、新たな市場の開拓に成功。その後、タイ、フィリピン、マレーシア、ベトナム、カンボジア、インドネシアといったＡＳＥＡＮをはじめとしたアジア市場へと展開を続ける。

国や文化によって異なる消費者の気質や購買活動の様子に注目すること、また人材教育に力を入れ、それぞれの文化に合わせてカスタマイズしたサービスの提供によって、さらに積極的に自社の眼鏡を世界展開していく方針。

業種：総合厨房機器メーカー／日本
社名：ホシザキ
内容：タイ向け販売を強化するためにタイ法人を設立。営業拠点として、セールス、メンテナンス、バックオフィス業務を行う。現在、同法人の売上の9割はタイのローカルオーナーとなっており、①安全面と衛生面を順守しながらアジアにフィットした価格の製品を展開、②タイ進出前にインドのグループ会社で業務用冷蔵庫の生産を開始したことがローカル企業からの信頼を得られた要因であると考えられる。

②についてタイ法人設立当初、業務用冷蔵庫の関税は中国からの関税が20％に対し、インドからの関税は0％であった。そこで、インドの系列会社から業務用冷蔵庫の輸入を行うことで、価格を抑えることができた。なお現在は中国からの関税が5％に下がり、差はなくなってきているが、タイとベトナムはインド製中心、その他東南アジアでは、中国製中心となっている。また、食器洗浄機で世界1位になるべく、食洗機と洗剤のサブスクをタイで開始。洗剤メーカーのＳＡＲＡＹＡ社の食器洗浄用洗剤と

自社の食洗機をパッケージにした月決めレンタルサービスを行う。

今後について、タイでは競合する冷蔵庫メーカーが非常に強いため、無理に冷蔵庫の売上を伸ばすことは目標とせず、代わりに、タイの7割が今も麻袋に入った袋氷を使っているというところに着目し製氷機にビジネスチャンスを見いだす。一人あたりのＧＤＰが1万米ドルを超えると袋氷から製氷機に切り替わる傾向があり、またタイは他の東南アジアと比較してもアイスコーヒー等の冷たい飲み物が人気であることから、製氷機のシェア拡大は十分に狙っていけるという予想だ。

2015年　シンガポール進出

業種：菓子製造販売／日本
社名：シャトレーゼ
内容：菓子メーカーの同社は、シンガポール進出から1年半で4店舗をオープン。２０２３年現在は、41店舗まで拡大。アピールポイントは、日本直輸入であること、物価の高いシンガポールにおいても日本とほぼ変わらない手頃な価格で販売していること。これにより、「気軽に購入ができる日本製スイーツ」という立ち位置の確立に成功。

出店する店舗は、どの店舗も日々の買い物や仕事帰りに立ち寄りやすい立地で、非日常ではなく、普段気軽に行ける菓子店として人気を博する。

2016年　タイ進出

業種：キッチン・バスルームメーカー／日本
社名：クリナップ
内容：キッチンメーカーとして日本よりも大きな市場がある海外への進出を行うため、タイの販売店開拓を企画し国内の事前調査を実施。ポイントとして、①日本製を受け入れ、評価してくれる土壌が整っていること（親日国かどうか）、②一人あたりのGDPが比較的高く、高級品を購入できる層が増えつつあること、③高温多湿な環境（同社のステンレス製キャビネットの高い耐久性を活かすことができる）を挙げた。
次に行ったのが現地調査で、ここではターゲットとなる家庭やマンションのショールーム、現地のスーパーでどんなものがどう売られているか等を視察。日本製品と海外現地で使用されているものを比較すると、デザインの違い（海外のキッチンでは棚の扉など、大きいサイズが好まれる等）があることが判明、現地のニーズに合わせた商品開発に取り組んだ。

また、販売店の開拓時には、日本で集めた情報を基に当たりをつけて現地に向かったもののほぼ役に立たなかったため、現地で高級ショールームを見つけて訪問し、そこからアポイントメントにつなげた結果、現地の大手販売店との連携を取ることに成功。

今後は、キッチンを完成品として輸出するだけではなく、完成品輸出ではコストがかかりすぎて競争力を失う国や、価格が高すぎて販売が難しい発展途上国に、シンク単体といった部材レベルでの販売をするなどの新たなビジネスチャンスを探る。

2017年　タイ進出

業種：テープ製造販売／日本
社名：ニチバン
内容：絆創膏やテーピング、セロテープ、マスキングテープ等を製造し、従来、日本から出張ベースで海外営業活動を行っていたが、包装仕様や製品に対する現地のニーズをスピーディーに実現するために、現地拠点の設立と現地人材の活用が必要であると判断した。

投資奨励制度を利用してタイに海外販売子会社を設立。東南アジアの中心であるタイに販売会社を構えることで、現地に密着した営業活動や重要市場である東南アジア、南アジア諸国、中東諸国での事業展開の強化と販売拡大に成功した。販売会社設立後はタイ国内で日本から直接輸入販売ができるようになったことで、一般消費者向け製品の販売に力を入れている。

2018年　インドネシア進出

業種：水処理機器販売／日本
社名：エーエスジェイ
内容：水処理機器の販売やメンテナンスを行う同社は、浄水器のシェア拡大を目的として海外進出先を模索していた。インドネシアの水普及率がわずか14％であるという点に着目し、2013年にインドネシア視察、2015年には寄宿学校ヌルルイマンへ水処理機器の設置に成功した。これを受けて事業のさらなる拡大を目指したが、海外事業の融資はなかなか受けられない状況で計画を中断せざるを得なかった。

その後、事業が新輸出大国コンソーシアムのハンズオン支援に採択され、日本貿易振興機構（JETRO）の専門家から支援、サポートを受けることとなり、現地の金融機関や日本政策金融公庫からの融資獲得に成功、2018年12月にバンテン州の学校に水処理機器を納品した。成功の要因は、専門家の協力を仰ぎながら現地との信頼関係を慎重に構築したこと、また数多くの専門家や支援機関のなかから適切な専門家と出会えたことが挙げられる。

今後は、中小企業の小回りを最大限に活かして、中小規模の販路に取り組んでいく。

2020年　タイ進出

業種：照明・電材事業／日本
社名：パナソニック・エレクトリックワークス（旧ライフソリューションズ）
内容：アジアを中心に海外事業を強化しており、2020年にタイで単独の展示会を実施した。パナソニック社では電材事業で早くから東南アジアに進出し、各国で高いシェアを誇っているが、近年これらの国では労働力不足や高齢化などの課題が深刻になってきたことから、日本で培ってきたノウハウが活かせると判断し本格進出を果たす。

タイでは富裕層を中心に家庭での自炊が増えていること、都市部で地価が高騰し小さな住宅が増えていることに商機を見いだし、まだ十分に普及していないシステムキッチンの本格販売を開始すると、システムキッチンの発表直後から現地デベロッパーからの引き合いが相次いだ。

今後は、中国、ベトナム、インドでもシステムキッチンやユニットバスの販売、施工を展開していくほか、ユニット工法をタイやベトナムでも展開していく方針。

2021年　台湾進出

業種：大手家電メーカー／日本
社名：某大手家電メーカー
内容：台湾市場に普及していない全熱交換器（換気扇の一種で省エネ製品かつ、日本では戸建て住宅にて注目されている製品）を年間数千台納入。

デベロッパーやハウスメーカー、施工店すら知識をもたない全熱交換器ではあるが、総合家電メーカーならではの方法で、他家電製品を納入してもらう代わりに全熱交換器の費用はほぼ無料で納品（通常全熱交換器は10～15万円程度）。当時、市場全体の台数は数百台であったが、当該企業の動きにより数千台まで市場が動いた。

製品自体は良いものなので、市場がないのであれば、上記の手段を用いてでも市場側に動いてもらい、製品の認知度を上げ、自ら市場をつくっていくスタイルで成功。

2011年　ASEAN進出

業種：パルプ・紙製造販売／日本
社名：大王製紙
内容：タイやインドネシア、中国をはじめとしたアジア各国へ進出している。タイは国内での販売に加え、ASEAN全域に製品を出荷する生産拠点として位置付けられており、ベビー用紙おむつ、生理用ナプキン、ウエットティッシュを生産。プレミアム価格帯の商品だけではなく、エコノミー価格の商品まで幅広く展開することに成功している。ベビー用紙おむつでは、市場シェアを獲得。タイ人は新しいものが好きで流行にも敏感であるため、常に新しい商品を展開して使ってもらうことを重視する傾向にある。

平均所得が低いインドネシアでは、エコノミー価格帯のベビー用紙おむつが主力製品で、主要な販路は個人商店のような小さな店舗となっている。まずは、ベビー用紙おむつの販売競争力を磨き、販売代理店網の構築に注力することで今後のさらなる拡販を目指す。

正確な情報を積み重ねてこそ見えてくる

このようにマーケティング戦略において、事実＝正確な情報は何よりも重要です。その情報を効率よく得るためには、やはり調査会社の存在は不可欠です。さらに信用するに足る調査会社を選ぶことも、厳しい戦いを勝ち抜くための重要なポイントの一つです。

調査会社はデータ収集の専門家ですが、何か魔法のようなものを使うわけではないのはもちろん、誰にも真似のできない手法でデータを集めてくるわけではありません。ここに集めたＡＳＥＡＮへの進出企業による成功事例も、種を明かせば公開された情報をベースとして裏付けを重ねてまとめるという方法を取ったものです。

拍子抜けしてしまうような話かもしれませんが、やはりいちばん大切なのは基本となるデータです。そのうえにいくつもの調査データを積み重ねていくのです。フィールドワーク調査のような地道なデータ集めやメーカーからの情報が鍵を握ります。店頭での実地価格調査、覆面調査、ウェブや対面でのアンケートも行います。ただしあらゆる調査ですべて同じレベルの情報収集を行うわけではありません。

クライアントからの依頼に即した情報を集めるのは情報会社にとって最初のレベルです。これは数値で表せる定量情報ですが、その集められた情報を分析し、さらに解析して得られる数値表現のできない定性情報を、クライアントに提出するためのファーストステップに当たるものであり、実際ここに並べた進出成功事例は踏み込んだ情報収集へとつなげていくためのものです。

一つひとつの情報は、基本情報の域を出ません。ただし、ある程度の数の情報を並べることで見えてくるもの、分かってくるものが確実に出てきます。

トップレベルシェア獲得の進出例

同一製品でのアジア新興国シェアトップクラスの分析

進出が成功に進んでいるという点では同一ではあっても、単なる成功とトップシェア獲得では内容も価値もまったく違います。東南アジア新興国各国において、進出事業分野でのトップレベルシェアを獲得するメーカーには、その成果を挙げるだけの理由があるのですが、そこに調査会社の情報が大きな役割を果たしているということは一般的な成功事例からも読み取れます。

1960年　タイ進出

業種：総合食品メーカー／日本
社名：味の素
内容：1960年にタイの現地法人設立を機に現地スタッフが小売店を直接訪問して商品の現物を現金で販売するという「三現主義」で販路を確立した。
　初めは味の素を拡販、市場の成長とともに風味調味料やメニュー用調味料、液体調味料、即席麺など現地のニーズに合わせた商品を次々と展開し、タイにおける「調味料類、ソース、ドレッシング」でのシェアは25％以上でトップとなっている。
　今後は、飲食店など業務用顧客向け広告の強化やメニュー提案等を通して業務用調味料事業についても拡販を狙う。

1990年　インドネシア進出

業種：衛生薬品メーカー／日本
社名：フマキラー
内容：インドネシアに現地法人を設立し、蚊取り線香の販売を開始したが日本ほど蚊が死なず、進出後7年間は赤字続きであった。地域の零細小売店へ試供品を配りながらの地道な営業活動や、ばら売りでの価格対応、現地で商品開発部隊を作成し、日本の蚊の5倍強いインドネシアの蚊に合わせた薬剤比率の強化など、さまざまな現地へのローカライズを行ったことで、進出時には海外メーカーが70～80％のシェアを占めていた蚊取り線香市場の40％を獲得することに成功。

1993年　ベトナム進出

業種：インスタントラーメン製造販売／日本
社名：エースコック
内容：即席麺等の製造販売で進出。現在売上の約半分は海外で、その大半はベトナムとなるほど成長する。

ベトナム進出時に行ったのは、①品質の確保、②販売ルートの構築、③商品ブランドの確立で、これらは当時のベトナムにはなかったものであるとされる。進出当初は、品質の安定した原料の確保が困難であったが、現地の人はベンチャー精神が旺盛で、可能性を感じると設備に投資（製粉工場や包装紙の印刷工場を造る等）してくれたおかげで現地と同じ価格で高品質の商品の製造に成功。

ある程度の規模で商売をする店舗には自社で配送を行い、代金は次に配送をした際にもらうというシステムを構築したことで、現金のある範囲しかできなかった商売が手広くできるようになり、販売ルートを拡大することができた。併せて商品名も付け、日本流のテレビコマーシャルを流してブランドづくりも実行することでマーケットを確立し、供給力の差でシェアを獲得した。

その結果、現地で販売した「Ｈａｏ Ｈａｏ」は、ベトナム国内で消費される即席麺のうち3食に1食を占めるようになり、年間約16億食超のモンスター商品に成長。技術やマーケティングは日本流をもちこんだが、実際の運営や管理、Ｈａｏ Ｈａｏの開発（パッケージ等）は現地人に任せたことで、現地の感覚に合った商品の展開ができたことも成功の要因と考えられる。

1994年　ベトナム進出

業種：医薬品製造販売／日本
社名：久光製薬
内容：進出翌年から主力製品である「サロンパス」の現地生産を開始。日本から半製品を輸入していた初年度と比べ、包装材料や布、ゴム等の必要な材料の多くを現地調達することでコストダウンを実現。各省の製薬会社や薬局、ホールセールセンター等を通じてベトナム全体に製品を流通させることができるような体制を築いた。

テレビ、情報誌、新聞、屋外広告の看板等さまざまな方法で宣伝を行い、サロンパスの認知度を向上させることに成功。ベトナム外用鎮痛剤市場でのサロンパスのシェアは50％を超えるといわれているほど、一般市民の生活に根ざした商品へと成長した。

1998年　ベトナム進出

業種：総合食品メーカー／韓国
社名：CJグループ
内容：食品の製造およびサービス、製薬とバイオ、物流と小売業、エンターテインメントとメディアといった事業を行う同グループは、韓国、中国に次ぐ第3の拠点にするという目標のもとにベトナム進出。

飼料やベーカリー、ホームショッピング、映画、物流、バイオ事業で成功を収め、特にベーカリーやホームショッピング、映画館の分野では、ベトナム市場で1位の実績を上げた。

これら成功要因として、CJグループでは文化コンテンツや食文化、エンターテインメント、ライフスタイルを韓流というひとくくりのコンテンツにしてグループで展開することで、他社との差別化を図り優位性を保つことができた点が挙げられる。

2009年　ベトナム進出

業種：総合家電・電子製品メーカー／韓国
社名：サムスン
内容：①中国一極集中リスクの回避、②サムスン基地の深圳《しんせん》からの距離、③中国より安価な人件費、④現地政府が税制優遇措置を付与、等の理由から大規模な携帯電話工場の建設先をベトナムに決定。2009年10月に携帯端末を製造する第一工場の稼働を開始、毎年設備投資を拡大していき2014年にはベトナムにおける海外からの最大直接投資家となった。

高価格製品の多くをベトナムで製造することでコストを削減し、競合する

iPhoneに対抗、また長期間貿易赤字であったベトナム側は同社の工場の建設を許可することで貿易黒字を達成、ベトナム経済へ多大な影響を与えた。

2021年　ベトナム進出

業種：大手家電メーカー／日本
社名：某大手家電メーカー
内容：ベトナム人は嫌中感情から中国製を嫌う傾向にあるが、それと同じぐらいベトナム製も嫌う傾向にあり、他社が地産地消の家電製品（具体的にはエアコン）展開を行うなか、マレーシアの工場から輸入したものを販売、一気にシェアをトップクラスまで押し上げた。

これらシェア拡大の要因として、普段から現地販売会社や販売店から情報収集を行っており、それらニーズを反映させたSCM戦略が功を奏した点が挙げられる。

2015年　タイ進出

業種：総合家電メーカー／中国
社名：ハイアール
内容：エアコンに関しての2015年当時の市場シェアは6位程度と下位であったが、

タイ進出に当たっては、買収した三洋電機のリソースを活用するため、生産工場を2015年に現地に展開、現地生産化による基盤を確立していく。2016年から2018年は投資、商品ラインナップ拡充、販売網を強化（代理店を550店から950店に拡大）していき、躍進を図った。

2018年の段階でもシェアは同じく下位グループであったが、2019年以降もマーケティングの手を緩めることなく、さらなる販売網拡大とブランド確立のため、商品を低価格から高価格まで展開、2021年にはついにトップクラスのシェア（1～2位）にまで上り詰め、2022年以降はBtoBに注力するなど顧客チャネルの拡大でさらなる発展を図る。

エアコンに限らず、洗濯機や冷蔵庫でも同様の手法をアジアで展開、10年近くかけてシェアを広げる方法を模索し、それを結果につなげる。

ASEAN各国への進出時期は、1960年から2021年までの60年以上にもわたります。この8社のシェア獲得の事例は、概要を読み飛ばすだけでは特段変哲もないものに思われがちです。ただし、そのすべてのケースでキーになる部分には「情報」が大きく関

わっていることも分かるはずです。しかもそれらは特段の努力なしで得られるものとは明らかに異なります。つまり、情報の価値を理解したうえで必要な情報を集め、分析し解析したところから初めて得られる方法論の基に進出を行った結果が、シェアトップクラスの実績へとつながっていることは確実です。

実際、いくつかの事例のうちで、どんな情報がキーポイントとなったかを指摘してみます。

取り上げたなかでアジアへの進出がいちばん早い、味の素のキーコンテンツは「三現主義」です。これこそ調査会社ならではのフィールドワークの賜物です。現在でもタイの現地マーケットに深く根付く商売人同士の直接的で強固な関係と、地縁性が強い市場へ新規参入するハードルを下げる三現主義は、市場調査はおろか生半可な現地リサーチなどからはなかなか得ることのできない、生きた情報の典型といって間違いありません。

さらにこれは、60年前だから可能だったという類いのものとは明らかに異なります。例えば最も新しい進出成功事例の２０２1年ベトナムでの日本家電メーカーの例にも同様の調査が大きく貢献しました。

千年単位の因縁から、ベトナムには中国人嫌いが染みついているというのはよく知られた事実です。その陰に隠れたもう一つの真実、ベトナム人であれば誰もが感じている近親憎悪にも似た、国産品嫌悪の感情をあぶり出したのもまたフィールドワーク調査です。しかもそこには、ASEANでのマーケット戦略の基本は地産地消、つまり現地生産現地販売にある、という常識的な思い込みもありました。競合他社のほとんどが原則の地産地消でメイド・イン・ベトナムの空調機を横並びで販売するなか、あえて他国製産機を投入することでベトナム人の深層心理を操るようにシェアトップを奪取、その強さを確実なものとしたのです。

2009年に同じくベトナムへ進出したサムスンのマーケティング戦略にも情報会社が大きく関わります。170ページの進出理由の①②③はサムスン側の問題で情報会社には無関係ですが、④は現地政府の情報収集が欠かせませんし、さらには日本の大手家電メーカーが利用したベトナム人のベトナム製品嫌いの情報は世界戦略拠点としての生産拠点進出を目指すサムスンにとっては、逆に好条件となったのです。

日本企業と中国・韓国企業は何が違うのか？

近年、アジア新興国市場での日本企業の成績が振るわずシェアを落としつつある現実、そして現状のトップレベル企業ですら、すぐ後ろに迫る他国のプレイヤーに怯えざるを得ない状況になりつつあります。ただし、その根底にあるのは決して日本企業のビジネス力減退とばかりはいえません。より本質的な問題が、日本企業全体を覆っています。

例えば、域内全域ではそれほどのシェアをもたない日本の大手家電メーカーが、タイではトップランクに君臨しているのは、カンヨンワタナ（KANG YOUNG WATANA）というローカルの代理店とごく早い時期から強力な協業体制を構築したことが大きな要因です。しかし同様の戦略が同社の東南アジア戦略だったかといえば、他の国には例がありませんから、何らかの個別事例か偶然だったと考えます。

あるいは同じく日本企業でも、別の大手空調機器は各国でつくり上げたローカルの施工店ネットワークによって絶対的な強さを誇っています。他社から見れば成功へ向けた絶好のサンプルと考えられますが、正しいと分かっていることであってもそれを実行できるかどうかはまた別の問題です。資本や人的リソースの問題や、世界戦略のなかでのASEANの位置付けなど、プラスアルファの要素が絡んできてしまうからです。

もちろん日本がアジア新興国マーケットを軽視しているわけではありません。進出に当たっての各種現地調査はもちろんのこと、事業立ち上げ後も本社の戦略部門や企画部門から出張ベースで現地情報の収集や主要取引先とのコンタクトを欠かしません。実はこの方式は日本に限らず、家電部門などで世界トップクラスに浮上した韓国のサムスンやLGでも同様の方法を取っています。一方で、台風の目のような存在となっている中国企業は本社からの人員派遣より現地駐在を増やす傾向が強いのが特徴です。

アジアマーケティングとグローバルサプライチェーン

本国ベースか出先ベースかに関しては、サプライチェーンについての考え方も2つに分かれます。開発拠点まで現地に進出し現地ニーズに即した製品を即応的に供給するパターンと、生産拠点を集中させ（ASEAN内とは限らず）域内の各国へは個別供給で対応していくパターンです。この双方にはそれぞれメリットとデメリットがあり、単純にどちらがより成功に近いかを示すことは不可能です。

実際、この章で取り上げた成功進出例にもそれぞれのパターンが混在しています。ただ、日本が伸び悩む一方で中国・韓国が力を発揮しているという現在の状況から、その両者にある「共通点」に注目する価値は十分あります。

それがスピード感です。日本の特徴は一言でいえば「ボトムアップ型」になります。現地の生産工場や販売会社が主軸となってマネジメントを展開している点で、現場移譲が進んでいるように考えられる一方で、重要事項の決定については現場から何層もの段階を経て上がる報告を基に意思決定が行われる傾向です。結果的に、十分な情報精査や判断が可能となる反面、スピード感の点では大きく後退します。

反対に、強力な「トップダウン型」の特徴をもつのが中国をはじめ、韓国や欧米企業です。例えば研究開発拠点まで現地に設置しサプライチェーンの主軸を移した場合でさえ、意思決定を行うのは本社ＣＥＯ（最高経営責任者）や役員レベルの専権事項です。ひとたび、意思決定が行われれば現場や部下は問答無用に実行へ移すマネジメントスタイルを世界中に水平展開させてきました。最大の特徴は圧倒的なスピード感と機動力です。

マーケティングの現場では、最終的な商品購入につながる「販路」の重要性はどんなときにも変わりません。この販路が世界中で大きく変化しつつあるのが今日の状況です。

グローバル面ではＥＣの登場と急拡大が消費者世代の変化と相まって進んでいます。これに加えて、アジア新興国地域特有の条件が表れています。それが強力な販路の世代交代です。国ごとに多少の差異があるのは確実ですが、域内各国ではどこにおいても「パパママ・ショップ」という名称が似合う街中の販売店兼施工店が数多く存在します。これが強力な販路として進出企業のマーケティングを支えてきたという実情があります。成功事例の多くがこうしたパパママ・ショップとともに成長してきたのです。一方で、日本などで急速に拡散したカタログ販売（カタログやパンフレットがダイレクトに商品購入につながる）にはそれほどの力がなく、それに依存するメーカーは結果として大きなシェアを獲得できないというのが実情です。域内の街中販売店の影響力は継続しています。ただ、そこに世代交代の波が押し寄せているというのもまた事実です。パパママ・ショップを引き継ぐ、新しいタイプの販路をどう押さえていくのか、という課題が今後のＡＳＥＡＮ市場でのマーケティングに多大な影響を及ぼしていくことは確実です。

このような大変革の時代に力を発揮するのが、企業のトップダウン型経営です。本社が強い権限をもっており、責任の所在が明確で意思決定がスムーズに行われるため機動力やスピード感に秀でた仕組みです。しかしこのスタイルは、「最も優秀な人」「最も判断力がある人」「チームを率いることができる人」といった優秀な人物が重要な役職につく・昇進するというシンプルな実力主義のもと、欧米や中国、韓国など、勢いのある企業に最も優秀な人間が集まるという場面で最大の力を発揮します。

現在のアジア新興国市場では、サプライチェーンの出口に当たる販路の部分が刻々と変わりつつあります。この大きな変化のなかで、トップダウン型経営の特性であるスピード感が大きな効果を挙げており、その結果がシェア変化にも如実に表れているのです。

第 5 章

調査会社の活用で緻密な市場調査を実現

スピード感のあるマーケティングでアジア進出を成功させよ

調査会社はどのような調査に協力できるか

調査会社の主な役割は、「データ分析・解析」です。20〜30年前までの調査業界は「データ屋」という立ち位置にあり、データ＝情報を集めるのが仕事と考えられていました。しかし時代の変化とともに、現在はゼネラルな領域に対応できることが望まれます。

そのなかで企業が調査会社に求める直接的な情報の一般的な例が競合他社の情報です。例えばＡＳＥＡＮにおいて急激に中国企業がシェアを伸ばした例があれば、それに伴って同社自体と中国企業の実態を詳しく知りたいという要望が寄せられます。依頼に応じ、調査会社はまず、その国の対象製品の市場規模を洗い出すことから開始します。

ところがこの洗い出しのなかにいろいろなテーマが混入しているのです。単純に市場規模を調査しシェアのランキングを示すだけでは、単に社内用の資料にしかなりません。調査としてのマーケットを見るときには、販路を掘り下げることが基本となります。取引先の一覧、どういうルートが強力なのか、さらにそれはデベロッパールートなのか、代理店ルートなのか――一つの要素を詳しく掘り下げ、その理由と直近での取り組みなども合わせて把握しなければなりません。

直近での取り組みでは、ＡＳＥＡＮ新興国の大きな特徴に二世代理店への移管という点があります。東南アジアなどを中心に数多く見られる特徴的なタイプの代理店です。

地域の経済発展の過程で長期にわたり海外企業と取引し共存共栄の関係にあった場合でも、世代交代や事業承継などのタイミングで取引を終了させる、あるいは提携相手を選定し直すといった事態が頻繁に生じています。日本のＡＳＥＡＮ事業に大きな役割を果たしてきたこの二世代理店を囲い込むために、企業はイベントや展示会を催したり、積極的な接待なども行ったりするなど交流を図っています。調査会社にとってはこうした直近の動向も視野に入れておくことで、単なる定量情報にとどまらないプラスアルファの資料を作成することができます。

次にマーケット状況の背景調査、つまり市場規模の背景要因を把握することも重要な役割です。これは競合他社との比較というよりも、企業自らが発信元となって、どの世代をターゲット層とするのか、自社が行っているマーケティングは間違っていないのかを把握するための要素です。

これを裏付けるためには、各国のＧＤＰ、人口分布、世代別・所得層別の特徴、購買動向などを細分化し、データ化することから始まります。そのうえでＡＳＥＡＮ新興国において重視されるのが「地域性」です。これを分かりやすく日本に置き換えてみると、九州、沖縄、関東、関西、東北、北海道、というように地域別の特性を明らかにするということです。ただしこの要素については、地域別のシェア状況や人口数は把握できても、数値化・顕在化できない要素も重要になってきます。そのため、リサーチャーがいかに工夫するかが要になります。実際に現地に足を運び現地の人との交流を図る、もしくは市場環境（土地や建物など）を直接観察するなどして、フィールド的に購買動向や消費動向の流れを調査することもできます。

そして近年、特に依頼の増加が目立つものに他社のビジネスモデル調査があります。このビジネスモデルについては、同地域のプレイヤー間でも他社についてはよく分からないといった場合がほとんどです。例えば、空調機器のメーカーであれば、施工はどの業者が行っているのか、販売所の運用は店舗が行っているのか、はたまたビルの管理業者が行っているのか、といった細かい実態や傾向までをも把握するためには、現地の地道な調査が必要なのです。

とはいえ実際には、調査会社はあくまでもクライアントから定量データのみを依頼されるケースが多いです。学校、ホテル、ビルなど（国のなかの主要な施設）の地域別分布といった市場状況のデータを参考として集めてほしいというものです。これはクライアントが、戦略ではなく参考意見としてのデータを必要としていることを示します。コンサルティング・ファームに比べ、比較的安価で短期間に情報収集できるというのが一般的な調査会社のイメージだからです。ただし、それでは以前のデータ屋の域を出ません。

その前提にありながら、同時に、調査・データ収集のなかで見えてきた、アドバイス・意見・考察・主観的な考えといった定性的なデータを補足していきます。そうすることで、比較対象のない高次で有意義な情報としてクライアントの要望に応え、ひいてはASEAN市場における日本企業の躍進につながる情報の価値が生まれるのです。

調査会社の実務と特徴的なメリット

実際の調査方法にはさまざまな方法があります。各国政府、公的機関で公表されているデータを基に、対象の商品に対する関連情報を一覧でリスト化する「ロングリスト化」というものがあります。この手法は細かい市場環境や動向を視野に入れず、とにかくリストに起こしていく手法で、時には100~1万件もの情報を羅列します。

「フィールドワーク調査」は、化粧品や食品の分野で主に実施されることの多い調査方法です。その際には、一般人のフリをして実際に店頭に出向き、価格や接客を見る覆面調査を行うこともあります。また、「アンケート」も消費者動向を把握する際に役立つ調査方法です。このアンケートは主に、Web上で行うものと対面で行うものに分けられ、それぞれに特徴があります。

Web上でのアンケートは、基本的に500~1000件といった大量のデータが欲しい場合に活用します。Webサイトに登録している人を対象に、年代や収入など条件を設定し、選択式で回答してもらうという調査形式になっています。

一方で対面アンケートは、少ない人数を対象に、より細かい情報を取得したい場合に実施することがほとんどです。例えば、50人限定で中間層以上を対象に一人ずつ知り合いを通じて手書きのアンケートを収集したり、時には一つの会場に集めて回答してもらったりする場合もあります。こうした調査は手間や負担がかかるものの、ネットや公式なデータからでは手に入らない内在的な情報が取得できるという強みもあります。

このように依頼に応じて適当な方法を選定すれば、最小限の手間と時間でスピード感のある調査が実現できるのです。調査会社の最大の強みはスピード感であり、私自身、これを最も大切にしています。「時間・適格・適宜」これは本来どの調査会社も意識し、アピールポイントとして押し出すべきだと考えています。

企業がマーケティング戦略を立てるうえで必要となるのが情報収集ですが、その調査に例えば半年という時間がかかるとなれば、市場の状況も変化してしまいます。また、長期的なスパンで戦略を立てることも重要ですが、目まぐるしく移り変わる流行やトレンドに追いつくことは現代におけるビジネスで非常に重要な要素です。そのために常にタイムリーな情報を手に入れなければいけません。特にそれは大変革の渦中にあるＡＳＥＡＮに関しては重要度が一気にアップします。

現在の日本企業を見ていても、圧倒的に不足しているのはスピード感であると感じます。それもそのはずでハンコ文化が根付いている日本では書類のやり取りに時間を要し、一つの決定を下すまでにかなりの手間がかかります。そのため一時的なスピード感は出せたとしても、スピーディーな対応を持続的に実現する仕組みが構築されていない企業がほとんどなのです。

これでは、コロナ禍や震災時のような不測の事態にも迅速な対応ができず、悪循環に陥ってしまうことは明白です。この状況を脱するために重要なのはスピード感をもってデータを回していくことなのです。

このスピード感を実現するためにはさまざまな方法があり、各調査会社やリサーチャーによって手法は異なります。されど、常に〝スピード感〟を意識して調査に当たることこそが調査会社の何よりも大切な使命であることは変わりません。

調査会社データの「5W1H」を注視

調査会社が行うマーケティングリサーチの基礎は、調査資料というデータの集合体です。依頼内容によって最終的な出力内容が異なったとしても、ベースにあるものは共通しています。そしてこの情報を分析していく際の基本も変わりません。注目すべき3ポイントは

「変化点」「特異点」「共通点」です。まず各情報の数字自体に注目することから始め、定量データをこの3つのキーポイントから分析していきます。

マーケティングでは定量データとともに定性データというものも頻繁に登場します。定量情報が数字で表すことのできる客観的なものであるのに対し、定性情報とは数値では表すことのできない質的情報のことをいいます。

マーケティングでは、シェア数値など商品の市場占有率や売上高などが定量データの代表で、時間的変化、地理的変化や消費者の性別・年齢などでさまざまな分析に用いられます。これに対して定量データは数値には出てこない消費者の購買意識や行動特性があります。数値で表すことができませんから、ライフスタイルやライフステージといった分類によって扱うデータを変化させながら、さまざまな読み取り方を試みるというのが調査会社独自の手法となります。

ただし、その場合にもベースとするのが定量情報である点は変わりません。情報を個別に集めて資料を作成していては、3要素のそれぞれの重要点を見落としてしまう可能性が非常に高いからです。そのため、調査した情報は必ず横並びに作成し、いつでも比較できる体裁を保っておく必要があります。

具体的な3つのキーポイントに表れる定量データですが、まず「変化点」とは、人口や売上等が著しく変化したタイミングのことをいいます。これを見抜くためには、年次の情報が必要に思われるかもしれませんが、そこまで厳密に考える必要はありません。また、2015年、2019年、2022年というように一定の期間が必須ともいえず、不ぞろいであっても、正確なデータを見比べて経年変化を見ることで、自ずと浮かび上がってくるはずです。

また「特異点」とは、一般に定義されない、一定の基準や枠組みから除外される、例外といった特異性を示す点のことです。これはデータを並べた際に、明らかに突出して数値が増加していることで読み取ることができます。そして「共通点」は、横並びに作成した資料を観察して、2つ以上の分類に関しての数値や傾向に共通した特徴がある点に注目することであぶり出されます。

並べてみればそれほど特別な作業とは思えないかもしれません。しかし実際には、同一の情報からこの3つを順序立てて統一的に実施するのは非常に困難でもあります。定量分析から次の段階の定性分析までを実施しなければならないからです。

自社の調査部門はもとより、コンサルティング・ファームや一般の調査会社には、個々の分野を担当できる部門はあっても、いざトータルでの分析から定性データの取り扱いノウハウまでをもつところはほとんどありません。その理由の一つは、調査の対象が多岐にわたるようになってきていることとも関係しています。

最も理想的なのは、調査し、情報やデータを資料に落とし込んだ担当者が、最後まで遂行することです。手に入れたデータを基に分析し、課題を抽出して、課題解決まで提案するというこの作業を「解析」といいます。現在求められているデータ収集やその分析はまさにこの解析であり、特にマーケットが大きな変革期にあるＡＳＥＡＮ地域に関して、調査会社は3つのキーポイントを中心に、分析だけでなく解析までをも手掛けることで企業マーケティングに貢献する役割を担うことができるのです。

そこで欠かせないのが「5Ｗ1Ｈ」です。アジア新興国市場において確実な事業性かを見極めたいクライアントにとって価値ある情報に当てはめて、具体的な5つのＷと1つのＨに言い換えました。

最も大切な「Ｗｈｙ」と「Ｈｏｗ」はほとんど同義です。「なぜ」「どのように」はどちらも事業の成功をもたらすキーそのものを示しています。

次の「Ｗｈｅｎ」はいうまでもなくタイミング、「Ｗｈｅｒｅ」はＡＳＥＡＮのどの地域をターゲットとするかです。そして「Ｗｈｏ」は顕在・潜在顧客としてどんな層をどれだけ獲得しなければならないか、「Ｗｈａｔ」は事業分野に関して、どのジャンル、どの商材で勝負するのかに当たります。

膨大な定量データを整理し、活用できるデータにまとめてこの5Ｗ1Ｈのそれぞれの条件を定性データとして出力していくのが、今日の情報会社に求められる役割といえるのです。21世紀に入ってからの情報通信技術の驚くべき進歩は、一部の情報の価値を一変させました。ビックデータが中高速コンピュータで分析され、ＣｈａｔＧＰＴの登場でＡＩが人間の創造性を脅かすかもしれないとされるのが現在です。ただ、ＳＦの世界は別として、実務に耐える5Ｗ1Ｈを出力していける存在は、新しいタイプの調査会社以外にはありませんし、今後も出現しないだろうというのが私の実感です。

アジア新興国での事業展開を成功させ、さらなる企業成長へ

貿易立国日本の存在感は、いまや大きく落ち込んでいます。かつては年間10兆円を超える黒字が当然のように繰り返されてきた貿易収支が、2022年には20兆円超の赤字と過去最大を記録し2年連続となった収支マイナスの状況は、近い将来に改善される目処さえまるで立たない状況となっているのです。

この数字はさまざまな要素が混じり合った末の複合的な結果です。ただし、非常に大きな要因として、かつては世界のマーケットを席巻した日本製品の販売が振るわなくなっていることがあるのは確実です。本書で取り上げた東南アジア新興国における、さまざまな製品ジャンルでの日本企業の販売実績などは、その明らかな証左にほかなりません。

グローバルマーケットのなかでも、ASEAN諸国は新たなフロンティアとして特に大きな期待を寄せられる最右翼の存在です。人口増加や急速な経済力の発展に伴った需要拡

大にもかかわらず、日本企業が競争相手の中国や韓国、あるいはローカル企業に後れを取ってしまうのは複数の例を挙げて紹介したとおりです。その敗因の一つとして「情報」が重要な意味をもっています。海外マーケティングにおいて情報の価値を知らない事業者はいません。ただ、いまや伸び盛り、国民一人ひとりの生活や経済状態から始まり、社会環境や国ごとの国際関係までが急変しつつある東南アジア新興国各国では、以前にも増して情報の価値は格段に高くなっています。適切な情報を確実に集め、正しく利用することがＡＳＥＡＮ地域でのビジネスの成否にダイレクトにつながるのです。

おわりに

マーケティングのための情報を扱うのが調査会社ですが、昨今のような変化の激しい時代のなかではリサーチ会社といわれる私たちのビジネスも変わってきます。以前はいわゆる「データ屋」として、文字どおり「情報＝データ」を集めることが主務でしたが、今日では事業会社にとっての頼りがいのある協力者としての役割を期待されるようになってきました。

各国の人口やその変化、ＧＤＰの伸び方や各収入層の分布、マーケットシェアといった定量的データを押さえるのは最低条件であり、さらに現地調査でしか得られない国ごとの特殊条件、例えばローカル販路の世代交代や競合他国企業戦略の分析などを集めるのも当然の内容となっています。ある意味でそこまでは「データ屋」の領域だからです。

しかし私たちが求めるのはその先です。定量的なデータとして数字を並べて終わるのではなく、購入者に潜在している意識を追い求め、定性データを手札として増やしていくことです。どこに目を付け、どこからどんな情報を得るか、そして集めたデータからどんな考察を立てるのかで、現在、リサーチャーとしての力量が問われます。マーケットとマーケティングへの洞察力や感受性といったリサーチャーの〝個性〟が大いに表れてくる部分なのです。

データは生きていなければ利用価値は半減します。そして定量情報だけでなく定性情報であっても、それらを本当に使える情報としていくためには、さらに一歩先へ進むことが必要だと、私は考えています。データ屋の時代、調査会社は依頼された情報を収集することが使命でした。ところが、現在はクライアントがなぜ、なんのためにデータを欲しているか、それをどのように使えばいいかをクライアントと調査会社が共有していくことが大切だと信じています。

二人三脚でつくっていく市場、東南アジア新興国に限らず、世界中の新規マーケットで日本企業が再び勝ち進んでいくという未来は、間違いなくそこにあると信じてやみません。

成川哲次（なりかわ・てつじ）

株式会社エーレポート代表取締役社長
2003年甲南大学卒業後、出版社での勤務を経たのち2007年にマーケティングリサーチや市場予測を行う会社に入社。家電全般、エネルギー、住宅、消費財分野を中心に500件以上の調査を担当してきた。海外調査のため中国や東南アジアをはじめとした10カ国以上に赴くなど、豊富な実地調査の経験をもつ。調査業務にあたるなかで、自分の思う調査や十分なインプットとアウトプットを行うために独立を決意。2019年5月、株式会社エーレポートを設立。現在に至る。

本書についての
ご意見・ご感想はコチラ

アジア新興国マーケティング

2023年9月30日　第1刷発行

著　者　　成川哲次
発行人　　久保田貴幸

発行元　　株式会社 幻冬舎メディアコンサルティング
〒151-0051　東京都渋谷区千駄ヶ谷4-9-7
電話　03-5411-6440（編集）

発売元　　株式会社 幻冬舎
〒151-0051　東京都渋谷区千駄ヶ谷4-9-7
電話　03-5411-6222（営業）

印刷・製本　中央精版印刷株式会社
装　丁　　弓田和則

検印廃止

Printed in Japan
ISBN 978-4-344-94722-1 C0034
幻冬舎メディアコンサルティングＨＰ
https://www.gentosha-mc.com/